W0300338

MAITRISEZ AVEC SUCCES VOTRE AVENIR EN POSITIVANT VOS TRANSITS PLANETAIRES GRACE A L'ASTROLOGIE DU NOUVEL AGE

Patrick Giani

MAITRISEZ AVEC SUCCES VOTRE AVENIR EN POSITIVANT VOS TRANSITS PLANETAIRES GRACE A L'ASTROLOGIE DU NOUVEL AGE

EDITIONS DE VECCHI S.A.
20, rue de la Trémoille
75008 PARIS

Malgré l'attention portée à la rédaction de cet ouvrage, l'auteur ou son éditeur ne peuvent assumer une quelconque responsabilité du fait des informations proposées (formules, recettes, techniques, etc.) dans le texte.
Il est conseillé, selon les problèmes spécifiques – et souvent uniques – de chaque lecteur, de prendre l'avis de personnes qualifiées pour obtenir les renseignements les plus complets, les plus précis et les plus actuels possible.

A mon père Laurent
et à mes deux fils Marco et Kim,
avec toute mon affection

REMERCIEMENTS

Je tiens à remercier Daniel pour son amitié et son soutien inconditionnels, mes élèves de Grenoble et de Montpellier, et tous ceux qui m'ont écrit car c'est grâce à eux que cette nouvelle édition a pu voir le jour.

Les Cartes du ciel ont été dressées avec le logiciel AstroQuick™ 3.5
pour Apple Macintosh © Dan Véga 1994

© 1990 – Editions De Vecchi S.A. – Paris
© 1997 – Nouvelle édition mise à jour. Editions De Vecchi S.A. – Paris
Imprimé en Italie

La loi du 11 mars 1957 n'autorisant, aux termes des alinéas 2 et 3 de l'article 41, d'une part, que les « copies ou reproductions strictement réservées à l'usage privé du copiste et non destinées à une utilisation collective » et, d'autre part, que les analyses et les courtes citations dans un but d'exemple et d'illustration, « toute représentation ou reproduction intégrale, ou partielle, faite sans le consentement de l'auteur ou de ses ayants droit ou ayants cause est illicite » (alinéa 1er de l'article 40).
Cette représentation ou reproduction, par quelque procédé que ce soit, constituerait donc une contrefaçon sanctionnée par les articles 425 et suivants du code pénal.

Préface à la nouvelle édition

Depuis la première édition de ce livre, en 1990, des étudiants et des passionnés d'astrologie m'ont écrit, d'une part pour me faire des éloges sur le contenu de cet ouvrage, d'autre part pour me soumettre leurs remarques et leurs suggestions.
Pour ce qui est des éloges, je dirai simplement que tout auteur ne fait que transcrire ce que l'inconscient collectif a besoin d'exprimer. Je suis également conscient d'avoir été *inspiré*, c'est-à-dire que « l'on » m'a parfois soufflé certains paragraphes. C'est sans doute pour cela qu'il m'arrive aussi de le consulter pour... moi-même.
Pour ce qui est des remarques, certains lecteurs m'ont suggéré de traiter également les carrés des planètes rapides (en deçà de Saturne). C'est pourquoi vous trouverez, dans cette troisième édition, les transits dissonants du Soleil, de Mercure, de Vénus, de Mars et de Jupiter par rapport aux planètes natales.

Si, dès la première édition, j'ai mis l'accent sur « comment le positiver » pour chacun des transits étudiés, c'est parce que sans cette dimension l'étude des transits en reste au stade des « prévisions », ce qui peut laisser l'étudiant ou le lecteur dans la crainte et le doute. Plus que jamais, chacun doit se responsabiliser face à son destin. Tout comme le malade a sa part de responsabilité dans le processus de guérison, celui qui étudie ses transits doit garder à l'esprit que c'est à *lui* qu'il incombe de les vivre de façon positive, grâce aux prises de conscience et au travail sur soi.

Ainsi, certains lecteurs m'ont assuré que ce livre les avait non seulement aidés à passer des caps difficiles, mais également encouragés à envisager les épreuves et les difficultés d'une tout autre manière. En positivant les transits dissonants, on fortifie son caractère, on apprend la patience, la persévérance et la tolérance. On peut aussi s'en servir comme d'un tremplin pour aller plus loin, ou comme d'un défi à relever afin de renforcer sa volonté.

Et en allant plus loin, on peut même inverser le processus : plus on se remet en question plus on constate que, envisagés de cette manière, les transits dissonants nous poussent à évoluer, alors que les transits harmoniques (sextiles et trigones) apparaissent comme des périodes de facilité, voire de lascivité, et qu'ils n'apportent pas grand-chose sur le plan de l'évolution. On en viendrait presque à attendre avec impatience le prochain carré de Saturne ou d'Uranus ! J'exagère à peine, croyez-le.
Si toutefois vous ne me croyez pas, guettez vos prochains transits dissonants et appliquez les suggestions de ce livre. Et à la fin de chaque transit, faites le point sur votre évolution personnelle. Vous verrez...

Avant de conclure, laissez-moi vous rappeler que l'on peut utiliser ce livre pour les transits en opposition. Mais pour les transits par conjonction, il faut relativiser — surtout pour Jupiter — car ils ne sont pas toujours vécus sur le mode dissonant. Suivant le degré d'évolution de la personne et son vécu, un transit de Neptune par conjonction peut se vivre comme une dépression, mais aussi comme une ouverture spirituelle. De même, un transit de Saturne par conjonction peut ressembler à une douche froide pour celui qui manque de bon sens, et à une véritable consécration pour celui qui a préparé patiemment sa place sous le soleil.

Ami lecteur, je souhaite que ce livre puisse vous aider à aborder ces périodes cruciales[1] du destin de façon sereine et lucide. Sereine, car il ne sert à rien de s'affoler (on a souvent peur d'avoir peur). Lucide, car chaque épreuve est une occasion de grandir, et pour grandir il est nécessaire de connaître les lois qui nous gouvernent.
En l'occurrence, les lois cosmiques, qui sont de toute éternité...

Montpellier, le 5 novembre 1996

[1] (de crux : la croix !)

Préface

Ce livre a été écrit dans la perspective d'un changement souhaitable dans la compréhension de la fonction planétaire. Pour les astrologues comme pour ceux qui étudient l'astrologie pour devenir leur propre astrologue, ces derniers devenant de plus en plus nombreux pour le plus grand bien de cette science humaine.

A l'aube du nouvel Age, l'homme acquiert un regard nouveau sur les forces qui le régissent et ne peut plus se contenter de définitions classant les planètes et aspects « bénéfiques » d'un côté et les « maléfiques » de l'autre.

Tout comme Saturne et Pluton, qui ont hérité d'une assez mauvaise réputation, l'aspect de 90° a été longtemps considéré comme un « mauvais » aspect.

S'il a fait mauvaise figure jusqu'à présent, c'est parce que nous n'avions pas compris le rôle positif qu'il jouait dans notre évolution. Pourquoi ? Sans doute parce que nous le trouvions dérangeant et que, jusqu'en cette fin de siècle, l'être humain a toujours privilégié ce qui l'arrangeait.

L'aboutissement de cette attitude conduisant à la crise actuelle de la société humaine, celui-ci se voit obligé de réviser ces concepts devenus obsolètes. La révision des vieux concepts dans le domaine de l'astrologie nous conduit progressivement à en adopter un nouveau : le positivisme.

Lorsqu'un consultant me souffle d'un air malheureux : « J'ai un mauvais thème, n'est-ce pas ? Regardez tous ces carrés ! », je lui souris et lui montre la carte du Ciel de Charles de Foucauld, ce père missionnaire devenu prêtre dont la personnalité et l'esprit d'abnégation inspirèrent certaines congrégations religieuses.

Son thème astral ne comporte pas moins de douze carrés.

Pour corser le tout, il a également cinq oppositions, cinq semi-carrés (45°) et trois sesqui-carrés (135°). Le seul aspect harmonique entre les planètes étant un sextile entre Saturne et Uranus.

Je lui parle ensuite de quelques thèmes de ma « collection » qui sont remplis de sextiles et de trigones, et des problèmes existentiels que rencontrent les na-

Charles de Foucauld
Né le 15 septembre 1858
à 17 heures à Strasbourg

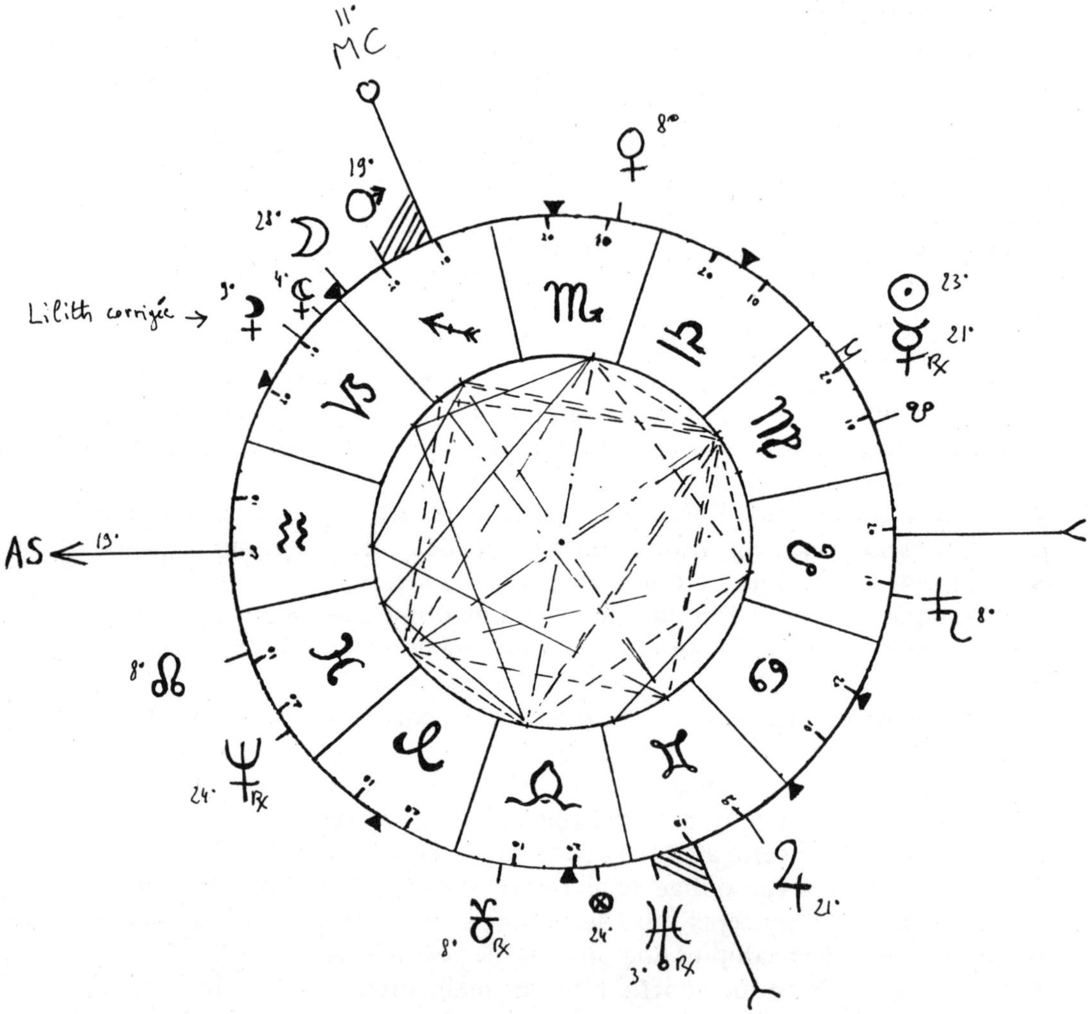

tifs de ces cartes du Ciel. Tout a l'air facile pour eux et pourtant ils éprouvent beaucoup de difficultés à se remettre en question. Ils butent toujours sur les mêmes problèmes sans pour autant prendre la moindre décision pour les résoudre. Pourquoi ? Parce qu'ils savent inconsciemment que, quoi qu'il arrive, ils pourront compter sur une aide providentielle, ils seront toujours plus ou moins épaulés, protégés.
Mais le trigone mal employé est aussi un aspect de facilité, de faiblesse.

En conséquence, certains de ces natifs essaient de tirer le maximum des chances qui se présentent à eux.
On est très exigeant avec de tels trigones, et finalement cette exigence tourne à la frustration, à la déception.
Le carré, lui, est évolutif. Il ne nous laisse pas stagner dans une situation qui ne nous convient pas. Il nous défie d'aller plus loin, il nous incite à nous dépasser.
Avec l'aspect de carré, surtout en transit, nous sommes obligés de nous remettre en question, nous sommes invités à la transformation, à la métamorphose.
A nous d'accepter cette remise en question, à nous de la positiver, comme si c'était une expérience de plus à vivre, comme si c'était un défi à relever.
Et nous verrons, en étudiant les transits en carré des planètes lentes, qu'il s'agit uniquement de cela.
Ce que nous découvrirons, ce sont les possibilités illimitées d'évolution qu'ils nous offrent si nous voulons bien les positiver. Toute planète, tout aspect, chaque signe et chaque maison ont deux fonctions. A nous, êtres humains, de choisir laquelle nous voulons vivre.
Ainsi, nous n'aurons plus d'excuses pour justifier nos paroles et nos actes.
Le fatalisme sera alors une vieille idée attachée à une ère finissante : celle des Poissons.

L'AUTEUR

NOTES SUR LE CONTENU DE CET OUVRAGE

Cet ouvrage traite essentiellement des carrés que forment les planètes lentes en transit par rapport aux planètes du thème natal. Les rendez-vous importants d'une existence humaine s'articulant principalement autour des aspects de Saturne, Uranus, Neptune et Pluton, le lecteur y trouvera une analyse des carrés de ces quatre planètes sur trois plans :

— le plan psychologique (et physiologique) ;
— le plan événementiel (et la durée du transit) ;
— le plan spirituel et karmique.

Enfin, pour conclure chaque chapitre, « Comment le positiver ? » offre au lecteur quelques idées et suggestions pour mieux vivre l'aspect en question.
Bien que les transits par conjonction diffèrent des aspects de carré, certains chapitres de cet ouvrage peuvent éclairer le lecteur sur ces transits, pour peu qu'il sache lire entre les lignes. Les carrés de Pluton et de Neptune, particulièrement, diffèrent très peu des transits par conjonction, ce qui est moins évident pour ceux de Saturne et Uranus. Les analyses qui sont faites dans cet ouvrage peuvent également être appliquées aux aspects de semi-carré (angle de 45° entre deux planètes) ainsi qu'aux aspects de sesqui-carré (135°).
Le semi-carré est, comme son nom l'indique, moins puissant et dynamiseur que le carré. De ce fait, les indications contenues dans les chapitres correspondants doivent être minimisées.
Le sesqui-carré est plus fort que le semi-carré, mais l'orbe de son impact est assez réduit (1° avant, 1° après pour Saturne et Uranus, 2° pour Neptune et Pluton). Enfin, il est conseillé au lecteur de vérifier si d'autres aspects des planètes lentes interviennent en même temps que le carré qui le préoccupe. A lui alors de faire la synthèse en lisant chacun des chapitres et en replaçant les analyses faites dans le contexte de son thème natal.

L’aspect de carré

De tous les aspects que forment les planètes lentes aux planètes du thème natal, le carré est avec la conjonction celui qui s’avère le plus complexe à maîtriser, celui qui pose le plus de problèmes. Afin de mieux comprendre les raisons pour lesquelles il s’avère problématique, voire conflictuel, il est essentiel de se remémorer le processus pour lequel une planète arrive à former un angle de 90° avec une autre planète, que ce soit dans le thème natal comme en transit.
La lunaison, le processus le plus accéléré des mouvements célestes de notre système solaire nous éclaire sur ce point.
En effet, de la nouvelle Lune (conjonction Soleil-Lune) à la pleine Lune (opposition), nous passons forcément par le premier quartier (Lune croissante) et, de cette pleine Lune à la nouvelle lunaison, par le dernier quartier (Lune décroissante).
Ainsi, les deux quartiers correspondant à des carrés entre le Soleil et la Lune, nous constatons que ces aspects font partie intégrante de tout processus planétaire. Ils se révèlent tout aussi importants que les deux phases principales du cycle, la conjonction et l’opposition, en formant à leur tour une opposition en mi-points. Si nous traçons dans un cercle une droite allant d’un point quelconque à son point opposé, c’est-à-dire d’un point de conjonction à son opposition, nous divisons ce cercle en deux parties égales.
Si de leurs mi-points respectifs, nous traçons une autre droite nous obtenons une division du cercle en quatre parties égales.
Nous voyons alors se dessiner une croix dans le cercle, symbole ésotérique de l’incarnation terrestre, de notre univers à trois dimensions. Cette figure géométrique est essentielle et explique en grande partie la nécessité du carré.
Que l’être humain redécoupe ce même cercle en douze parties égales, le zodiaque, ou en huit telles certaines traditions africaines ou autres, la figure géométrique du cercle et de ces quatre parties forme la base de tout principe s’appliquant à notre système solaire, à notre Terre.
Les quatre éléments (Feu, Terre, Air et Eau) dans un univers à trois dimen-

sions (les trois croix : cardinale, fixe et mutable) constituent les principes essentiels du zodiaque et nous permettent de mieux comprendre le fonctionnement des carrés.

LES TROIS CROIX ET LES SIGNES EN CARRE

Afin de mieux cerner de quelle nature est le carré qui se forme en transit, de quelles forces il dépend, il est utile de savoir sur laquelle des trois croix il va s'opérer.

Se fait-il sur la croix cardinale[1] ?

Dans ce cas, il s'agira globalement d'un événement décisif concernant la destinée sociale, d'un nouveau départ à quelque niveau que ce soit.
Le carré déclenchera une nouvelle façon de voir les choses et de les appliquer, en les faisant évoluer soudainement, bon gré mal gré.

Se produit-il sur la croix fixe[2] ?

Il touchera ici plus directement la vitalité et les valeurs personnelles de l'individu. Le changement se fera plus lentement que sur la croix cardinale, par à-coups, sans doute parce qu'il engagera plus fortement l'individu.
Par essence, la croix fixe a des difficultés à bouger, à remettre en cause sa fixité.

S'opère-t-il sur la croix mutable[3] ?

Cette croix est toute prête à se remettre en question et le carré dans ce contexte peut transformer positivement les énergies en cause. Il suffit de le laisser agir sur les énergies planétaires sans les bloquer par notre ego ou notre mental.

[1] Signes du zodiaque qui débutent chaque saison : Bélier, Cancer, Balance et Capricorne.

[2] Signes de pleine saison : Taureau, Lion, Scorpion et Verseau.

[3] Signes qui terminent les saisons : Gémeaux, Vierge, Sagittaire et Poissons.

En résumé :
— rien ne se déclenche sans la croix cardinale ;
— rien ne se transforme sans la croix fixe ;
— rien ne bouge sans la croix mutable.

Cependant, répétons-le, ces indications globales sont à replacer dans le contexte du thème natal et des possibilités réelles du natif.

LES SIGNES EN CARRE

Rien n'est plus parlant que le zodiaque lui-même pour saisir comment se distribuent les énergies planétaires et quels sont les rapports qui les relient. La synthèse signe/maître du signe en carré nous renseigne sur la problématique en cause : ainsi le signe du Bélier carré au signe du Capricorne a un problème avec le maître de celui-ci, Saturne.
Le Bélier perd souvent toute notion du temps. Il manque de patience et de réflexion : son impulsivité lui fait commencer toutes sortes de choses qu'il mène rarement à terme. Il manque également de structures : le Bélier a du mal à concrétiser la plupart de ses actions. Il s'organise très mal et manque de logique.
Saturne lui demande, par le carré, de procéder par étapes et de consolider les initiatives prises en modérant le feu intérieur qui lui fait ignorer toute loi.
Prenons le signe suivant, le Taureau : ce signe de Terre a un problème avec Uranus, le maître du Verseau avec lequel il est en carré. En effet, le Taureau n'aime guère les changements. Ancré dans ses convictions personnelles et le rythme de vie qu'il s'impose, il a horreur d'être bousculé. Il manque d'ouverture aux idées novatrices et a du mal à remettre en question certaines valeurs personnelles.
Uranus lui demande, par le carré du Verseau, de sortir de sa routine, de ne plus se contenter des plaisirs faciles qui le rassurent mais le sclérosent.
Il l'oblige à se bouger, à tenir compte de l'avis de son entourage, des nouvelles données que lui offre le futur, même si cela le perturbe pour un temps.
Le signe suivant, les Gémeaux, a un problème avec Neptune, maître des Poissons avec lequel il est en carré. Il se contente un peu trop d'idées et pensées superficielles, voire illusoires. De plus, il manque (par rapport aux autres signes) de foi et d'idéal.
Le Cancer a un problème avec Mars, le maître du Bélier : difficile pour lui de prendre des initiatives, de faire face, seul, à l'adversité. On peut ainsi continuer, signe par signe, jusqu'aux Poissons, lesquels ont un problème avec Jupiter, maître du Sagittaire. Les Poissons manquent d'enthousiasme et leurs possibilités d'expansion restent limitées.
Nous constatons ainsi, par le jeu des trois croix et les signes en carré à l'inté-

rieur de ces croix, que cet aspect de carré dont certains craignent l'échéance est en fait un dynamiseur, un déclencheur, un aspect qui est nécessaire à tout processus évolutif.

Sans carrés, il ne passerait pas grand-chose dans nos thèmes ! Seules les conjonctions et oppositions feraient bouger nos planètes personnelles.
« Les mouvements célestes sont comme une musique qui, par des tensions dissonantes, progresse vers des résolutions préparées, comme à six voix, et pose de la sorte des jalons dans le cours incommensurable du temps».
Johannes Kepler (astronome et astrologue)

L'OPPOSITION : UNE PLANETE A BESOIN DE L'AUTRE

Un amalgame un peu simpliste a été fait ces dernières décennies dans plusieurs ouvrages d'astrologie entre l'opposition et le carré. Leurs auteurs, sans doute pour se faciliter la tâche, ont cru bon de regrouper les aspects dits harmoniques d'un côté (sextiles et trigones) et les aspects dits dissonants de l'autre (carrés, oppositions). Pourtant à la pratique une opposition n'a pas grand-chose à voir avec un carré, sur le plan physiologique comme sur le plan événementiel.
Autant essayer de comparer une pleine Lune avec un premier ou dernier quartier. Le climat — vécu à des niveaux vibratoires différents selon les individus — d'une pleine Lune est si particulier qu'il se crée comme un besoin de bouger, de communiquer, sortir, danser ou passer une « nuit blanche ».
Ce face à face entre l'*anima* (la Lune) et l'*animus* (le Soleil) crée un besoin d'échange mutuel. Chez certaines personnes ce besoin s'exprime parfois nerveusement, voire violemment particulièrement dans les hôpitaux et les asiles psychiatriques.
Même si une tension existe entre deux énergies planétaires au moment de l'opposition, elle peut être considérée comme un besoin réciproque. Une force planétaire a besoin de l'autre, malgré son éloignement et peut-être précisément à cause de cet éloignement.
Prenons l'exemple d'une opposition Jupiter/Saturne :
— d'un côté du zodiaque Jupiter, principe d'expansion et d'enthousiasme ;
— de l'autre Saturne, principe de concentration et de restriction.

Pour l'individu auquel le potentiel de ces deux planètes échappe, cette opposition pose des problèmes. Il a tendance à accorder priorité à Jupiter, ce qui lui fait croire que la chance peut sonner à sa porte à tout moment.
De ce fait, il attend que l'on vienne lui faire des propositions et compte beaucoup sur ses proches pour subvenir à ses besoins. Il en oublie même d'être reconnaissant, persuadé que cela lui est dû, et frise parfois la malhonnêteté

surtout dans la prime jeunesse. Lorsque le natif aura compris que face à son Jupiter se tenait Saturne et qu'il doit faire des efforts personnels pour que l'énergie jupitérienne fonctionne normalement, il aura déjà fait la moitié du chemin.
Nulle chance ni expansion pour lui si cette énergie saturnienne est évitée ou reste inemployée. C'est un peu la devise « Aide-toi et le ciel t'aidera » qu'il lui faudra appliquer.
Si, au lieu de passer constamment de l'aisance éphémère à la restriction la plus totale, il raisonne en terme de « besoin » il fera de cette opposition un challenge permanent qui peut lui donner entière satisfaction et, pourquoi pas, le conduire sur le chemin de la réussite.
Afin de prospérer efficacement, il devra être économe, sérieux quand il le faut et ne point trop compter sur les autres ou la providence. Jupiter a besoin de Saturne. Et inversement Saturne a besoin de Jupiter : ainsi, le natif qui fait des efforts pour s'en sortir a besoin d'un minimum de confort, d'un minimum de compensation pour mener à bien ses objectifs. Il ne pourra se contenter d'une vie quotidienne médiocre (au positif, cette opposition fait du natif un autodidacte).
Cette tension entre le processus d'expansion et le processus de restriction est nettement plus accentuée dans le cas d'un carré entre ces deux planètes dans le thème natal.
Nous avons d'un côté une tendance à être généreux, et de l'autre une sorte de juge intérieur qui nous incite à la restriction et à la prudence.
Si le carré est exact (à 2° près) il s'agit d'une réelle bataille entre ces deux pôles.
Jupiter se livre en nous à une véritable surenchère de son potentiel d'expansion en étant tout d'abord optimiste, généreux à l'excès, puis il laisse Saturne reprendre ses droits ce qui nous rend morose, pessimiste et pingre ; d'où frustration et manque de fantaisie.
Ce genre d'attitude désoriente notre entourage et surtout nos collaborateurs, ceux-ci ne sachant pas toujours quelle attitude nous allons adopter suivant les circonstances.
Ce conflit intérieur est quelquefois pénible à vivre, mais c'est avec le temps (Saturne) que l'on apprend à transcender un tel carré.
Nous réalisons avec l'âge qu'il y a justement un temps pour chaque chose et que les excès, dans la générosité comme dans la restriction, nous empêchent de nous équilibrer.

LE CARRE : UN DEFI

Le carré est plus problématique. Si l'on peut considérer, en la positivant, l'opposition comme un besoin entre deux énergies planétaires, le carré, lui, est un défi.

Dans un thème natal, par le carré les deux énergies sont en conflit ; ou bien elles s'ignorent, pour ne pas être confrontées l'une à l'autre. Très souvent, nous employons l'énergie d'une des deux planètes en carré puis l'autre, mais rarement en même temps. Ainsi les natifs ayant un carré Vénus/Mars éprouvent des sentiments sans que le désir soit présent et inversement. Il y a donc conflit ou ignorance des forces planétaires. Et l'être humain, le plus souvent, évite toute situation de conflit. Alors qu'en transit, ce conflit latent se transforme en défi : l'heure sonne à l'horloge cosmique et nous ne pouvons éviter l'échéance. Cependant, le temps jouant en notre faveur puisque l'astrologie nous prévient de ces échéances, nous pouvons mieux vivre ces périodes délicates et les transcender.
Un carré, cela se prépare. Tout comme le pilote d'un rallye automobile a besoin de baliser son trajet à l'aide d'une carte de la région qu'il va traverser, nous pouvons prévoir les échéances à venir et nous y préparer :

- dans combien de temps se situe le grand virage ?
- se produit-il en même temps que le dos-d'âne ?
- existe-t-il un moyen de passer sans encombre ou bien faudra-t-il serrer les dents et se cramponner ?

Avant tout, il importe de bien cerner les énergies en cause, sans minimiser ni drammatiser. La rigueur de l'analyse servira de garde-fou à l'une et l'autre de ces attitudes extrêmes.

QUI FAIT QUOI, QUAND ET COMMENT ?

Après avoir repéré les dates du transit en carré, il est nécessaire de vérifier si d'autres transits interviennent. Les carrés de Pluton et Neptune s'étalant sur des dizaines de mois, ils serviront de toiles de fond aux transits plus « rapides » des autres planètes. Il faudra bien sûr en tenir compte. Il peut arriver que l'on attribue un événement à un carré de telle planète alors qu'un transit des plus lentes y est pour beaucoup. Ceci est valable surtout pour Neptune, « l'embrouilleur » du zodiaque ! Il est également utile de repérer la place occupée par les planètes rapides lors des transits exacts. Celles-ci peuvent en effet en atténuer l'impact ou, au contraire, le renforcer.
Généralement les carrés des planètes lentes comportent trois passages, du fait de la rétrogradation. La pratique nous enseigne que le premier passage en carré est celui qui pose le problème. Le second passage en rétrogradation nous invite à le résoudre. Quant au troisième, il nous confronte directement au problème avec obligation de trouver soit une solution, soit une issue.
Uranus en carré est différent suivant les individus et les aspects qui le relient aux autres planètes, dans le ciel comme dans la carte du Ciel. Aussi peut-il avoir un impact plus fort au premier carré exact. Saturne, lui, est à l'heure !

dans la semaine qui marque le carré exact, surtout en rétrogradation, nous pouvons en mesurer l'impact.
Cependant, ses effets s'atténuent plus rapidement que ceux de Neptune dont les orbes sont aussi flous que le symbolisme qu'on lui attribue. Ainsi il m'est arrivé de constater chez une amie dont le Mercure était pris en carré par Neptune, une persistance de ses hésitations et troubles psychiques quatre mois après le dernier carré exact (Neptune était alors à 4° d'orbe).
La planète recevant le carré doit être également analysée en profondeur :
— à quelles planètes est-elle reliée dans le natal ? Celles-ci participeront peu ou prou aux événements du carré ;
— de quelle Maison a-t-elle la maîtrise ? Car cette maison servira de « décor » pendant le transit ;
— quelle autre planète peut l'aider à traverser cette période ? Si l'une des planètes du thème fait trigone ou sextile et qu'elle est favorablement aspectée durant le carré, elle peut être d'un utile secours ;
— la planète qui envoie le carré fait-elle un aspect à celle qui le reçoit dans le natal ? Si c'est un trigone ou un sextile, le transit en carré se vivra plus aisément que si un carré natal se répète.

Quoi qu'il en soit, il est utile de rechercher dans les éphémérides les périodes analogues à cette confrontation planétaire : transit de conjonction, d'opposition, dernier carré en date, etc., sans oublier les transits des Nœuds lunaires sur ces planètes.
Le plus souvent, le transit du Nœud sud sur la planète qui reçoit le carré nous renseigne sur l'expérience à venir, l'aspect de quadrature étant sur le plan karmique une « dette » à régler ou une échéance refusée dans une vie antérieure.
Enfin, la maison occupée par la planète qui envoie le carré nous renseigne sur l'enjeu du transit, sur le secteur à transcender.
La route ainsi balisée, le terrain reconnu et le chronomètre à la main (en l'occurrence les éphémérides ou l'ordinateur), nous pouvons aborder le virage en étant conscient des dangers encourus et surtout de leurs durées. Trop souvent, en effet, ceux qui vivent de tels carrés ont tendance à dramatiser et à s'enfoncer encore plus dans les problèmes qu'ils soulèvent. L'ignorance de la durée réelle du carré en est la cause.
Celui qui connaît son thème et sait lire les éphémérides a en ce sens un avantage sur le commun des mortels : il connaît les dates des échéances et voit ainsi plus loin que le carré à venir, plus loin que le bout de son nez...
« Après la pluie, le beau temps », c'est ce qu'il faut se dire pour positiver ce genre de transit.
C'est d'autant plus vrai avec Saturne et Pluton dont les carrés, s'ils nous éprouvent parfois cruellement, nous permettent de mieux apprécier l'existence dès qu'ils se sont éloignés de l'orbe exact.

« Dans le carré il y a quelque chose qui crie et qui grince mais aussi qui émerge, qui sort. Ce n'est pas pour rien que nous disons *Per aspera ad astra, per crucem ad lucem* (par la souffrance à l'astre, par la croix à la lumière). C'est la loi de ce monde et probablement de tous les mondes visibles. C'est le carré, la loi étroite hors de laquelle il n'y a pas de futur, pas de devenir .» *Charles E. Vouga*[1]

NECESSITE DU CARRE

Le carré, nous l'avons vu, amène une échéance. Cette échéance n'est pas de même nature que la conjonction qui, finissant un cycle, en entame un nouveau. Symboliquement, on se trouve alors à mi-chemin entre la conjonction et l'opposition. L'échéance du carré, c'est la nécessité de changer quelque chose dans l'énergie planétaire en cause afin de progresser plus efficacement.

Ni le sextile ni le trigone ne font progresser les choses, ils les laissent plutôt s'écouler, se dérouler, à notre plus grande satisfaction, il faut bien l'avouer.

L'astrologue Germaine Holey[2] compare le carré à une marche d'escalier. Cette image m'a beaucoup parlé et a développé dans mon esprit une vision des aspects du thème astral que je livre au lecteur, avec la réserve toutefois qu'elle m'est personnelle.

Nous avons tous glissé sur un toboggan dans un jardin d'enfants et la joie que l'on éprouve à dévaler sa pente est comparable à celle que nous offre l'aspect de trigone en transit.

Mais, avant de se laisser glisser, il nous faut grimper les quelques marches nous conduisant en haut du toboggan. Ces marches sont comparables à l'aspect de carré. Pour nous y aider nous disposons de la rampe située de chaque côté de l'escalier : cette rampe est comparable à l'aspect de sextile. En conséquence, nous pouvons lors d'un transit en carré compter sur les planètes en sextile, dans le natal comme pendant le carré. Si ce n'est pas le cas, alors nous saurons que l'ascension des marches se fera sans l'aide de la rampe et il faudra veiller à garder notre équilibre.

Quoi qu'il en soit, il est nécessaire de relever le défi car en haut de la dernière marche, il y a toujours le trigone qui nous attend. C'est ce que nous demande le carré et si nous refusons de relever le défi, nous restons cloués au sol et laissons la griserie du trigone à ceux qui ont osé.

[1] *Une astrologie pour l'ère du Verseau*, Editions du Rocher.

[2] Auteur de plusieurs ouvrages parus aux Editions du Rocher.

De toute façon, tôt ou tard, nous montons tous sur le toboggan, chacun à notre manière, et nous dévalons sa pente. Regardez les enfants dans le parc : chacun a sa manière de l'aborder.

CARRE CROISSANT ET CARRE DECROISSANT

Il existe deux types de carré, dans le thème natal comme en transit : celui où la planète qui reçoit le carré est placée en avant du zodiaque (carré croissant, analogue au premier quartier lors de la lunaison) et celui où elle est située en arrière du zodiaque (carré décroissant, analogue au dernier quartier du cycle soli-lunaire). A la pratique, il s'avère que le carré croissant est différent dans son impact du carré décroissant.

Nous le constatons lors des carrés d'Uranus au niveau individuel : lorsque cette planète arrive dans un signe comme le Sagittaire par exemple, elle fait carré à la fois au Soleil des natifs de la Vierge comme à ceux des Poissons. Ces derniers sont alors bousculés, surpris par l'énergie dynamisante d'Uranus. Ils se trouvent obligés de changer carrément (c'est le mot) d'activités ou de lieu de vie. Les natifs de la Vierge, en revanche, sont comme entraînés par le courant uranien qui les oblige à changer certaines habitudes, à s'ouvrir à un nouvel entourage, mais ils y sont inconsciemment préparés du fait qu'Uranus se situe devant eux et non derrière. C'est un peu comme s'ils étaient informés de ses mouvements. En conséquence, on peut dire que le carré décroissant surprend, dérange, alors que le carré croissant attire, entraîne, débloque. Même si le sens analogique reste foncièrement le même, il est important d'en tenir compte dans l'analyse d'un transit en carré.

LE CARRE ET SES CORRESPONDANCES SYMBOLIQUES

L'aspect de carré avec ses 90° est relatif au nombre 9, lequel en numérologie signifie la fin d'un cycle, en l'occurrence celui débuté lors de la conjonction. Nous retrouvons ce nombre 9 dans l'aspect de semi-carré (45°), de sesqui-carré (135°) et d'opposition (180°), la conjonction étant elle-même réductible au nombre 9 (360°). Nous avons là tous les aspects réunis qui sont les catalyseurs du thème.

Une analogie peut également être faite avec la neuvième lame du tarot « l'Hermite » qui incline à la réflexion, à la solitude, à la recherche. Et combien justement sommes-nous seuls, face à nous-mêmes, lors d'un carré venant des planètes lentes.

Il n'appartient qu'à nous de trouver la réponse, la solution, l'issue ; quoi qu'il advienne, la lame suivante, « la Roue de fortune » nous indique que le changement s'est opéré, de gré... ou de force.

Les carrés des planètes rapides

L'auteur a volontairement omis les carrés aux planètes en deçà de Saturne car ils sont moins marquants sur le plan événementiel.

Les carrés du Soleil

Il est rare de trouver dans les ouvrages d'astrologie l'analyse des transits du Soleil. Pourtant, ce sont eux qui conditionnent souvent les transits annexes. Si Vénus, par exemple, passe sur notre Soleil de naissance mais que le Soleil dans le ciel fait carré à notre Lune natale, la journée d'amour tant attendue risque fort de tourner au vinaigre !
En conséquence, il faut toujours tenir compte des transits du Soleil par rapport à chacune de nos planètes natales et principalement aux plus rapides. Quelle que soit la planète transitée, celle-ci va être littéralement *éclairée* par l'astre du jour. Sa fonction dans le thème va être activée, elle sera pendant la journée du transit mise en valeur, en relief, elle sera pour ainsi dire sous « les feux de la rampe ».

SOLEIL CARRE AU SOLEIL NATAL

Nous le savons, le transit du Soleil sur lui-même correspond à notre anniversaire, et nous dressons pour cette date une révolution Solaire.
Lorsqu'il passe en sextile ou en trigone par rapport à sa position natale, notre vitalité est accrue, nous rayonnons et le pouvoir créatif est renforcé. Nous nous sentons généralement efficaces, productifs, et en forme.
Mais lorsqu'il passe en carré ou en opposition par rapport à sa position natale, nous le sommes beaucoup moins et nous sommes de ce fait contrariés, ou démotivés. Si d'autres transits interviennent pendant ce laps de temps (deux jours, pas plus), nous pouvons tomber malade ou connaître

quelques ennuis. Repérez dans votre thème les dates qui correspondent aux degrés en carré ou en opposition à votre Soleil natal. Avez-vous remarqué qu'à ces dates, chaque année, vous n'étiez pas vraiment en forme ?

SOLEIL CARRE A LA LUNE NATALE

Par ce carré, qui se produit deux fois par an, le Soleil tend à juguler notre sensibilité ou à l'éprouver. Là aussi, il est intéressant d'en repérer les dates car chaque année aux mêmes périodes nous vivons peu ou prou les mêmes états d'âme.

En faisant carré à la Lune, le Soleil met en relief — pendant deux jours environ — notre sensibilité, notre émotivité et notre imagination. Suivant la nature de la Lune dans le natal, ce transit sera plus ou moins bien vécu. Les natifs ayant une Lune en signes d'Eau ou en maisons correspondantes (IV, VIII ou XII) seront particulièrement sensibles durant ce transit. Si cette Lune natale reçoit des aspects dissonants, ils peuvent ressentir un vague à l'âme ou être déprimés pendant toute la durée du transit.

Si la Lune natale est bien aspectée dans le natal et dans la période étudiée, l'imaginaire peut être sollicité, ce qui pour un artiste peut faire naître l'inspiration.

Suivant le même schéma et la même logique, analysons maintenant les transits dissonants du Soleil avec les autres planètes :

— avec Mars, on peut se sentir bloqué, moins dynamique ou moins motivé ;
— avec Jupiter, on se sentira moins enthousiaste, moins expansif que d'ordinaire. On peut paraître excessif ou orgueilleux aux yeux d'autrui ;
— avec Saturne, on aura affaire aux supérieurs hiérarchiques, aux avocats, voire parfois aux huissiers. Plus simplement, on aura besoin d'être seul...
— avec Uranus, nous aurons la bougeotte, envie de changer d'air ou tout simplement de décor, mais cela s'avère problématique ou mal venu ;
— avec Neptune, nous serons enclins aux rêveries diurnes, voire aux illusions. Plus simplement, on a besoin de rêver un peu...
— avec Pluton, nous pouvons vivre ces deux journées du transit dans un climat angoissant ou morbide, ou bien on broiera du noir sans raison.

Comment les positiver

Il est essentiel de comprendre que ces transits en carré ne sont que les instruments de notre évolution. Sans les bourrasques du vent, le froid et la pluie, la plante peut-elle renforcer sa tige, faire pousser ses fleurs et nourrir

ses racines ? Les êtres humains sont de la même souche, ils ont besoin d'épreuves, de fournir des efforts, sinon ils se laissent aller et cela freine leur évolution. Aussi, plutôt que se plaindre ou se révolter, il est préférable de relativiser et de saisir cette occasion de grandir un peu. Se poser la question : « Qu'y a-t-il à comprendre sous cette apparente difficulté ? » peut nous aider à transformer les choses et, quelquefois, à renverser la vapeur. Ainsi, les deux périodes de l'année où le Soleil fait carré à notre Saturne natal peuvent être consacrées à l'étude, à la réflexion, ou à la méditation. On peut en profiter pour jeûner, pour acquérir des connaissances en lisant quelque ouvrage philosophique ou traitant de l'histoire des peuples, de spiritualité.
Et comme « après la pluie, le beau temps », le lendemain nous trouvera plus détendu, l'esprit plus clair, et nous nous féliciterons d'avoir positivé cette (apparente) mauvaise journée.

Les carrés de Mercure

Lorsqu'on débute en astrologie, on accorde très peu d'importance aux transits de Mercure. Ceux des planètes lentes semblent tellement plus intéressants qu'on oublie cette minuscule planète, la considérant comme mineure. Et pourtant, lorsque l'on constate ses effets lors de ses rétrogradations annuelles, par exemple, on comprend que le « messager des Dieux » a une importance cruciale pour notre vie quotidienne.

Sur le plan social, il est remarquable lors des grèves (des postes, des transporteurs routiers, des trains) et il est présent dans toutes les manifestations médiatisées.
Sur le plan physique, son rôle est majeur : en tant que messager du Zodiaque, il communique les informations à toutes les parties du corps. C'est pourquoi il est en relation avec le système nerveux central, les organes des sens, la pensée et la mémoire. Il gouverne également la fonction respiratoire (trachée, larynx, bronches) et l'équilibre endocrinien (thyroïde, parathyroïde).

MERCURE EN CARRE AU SOLEIL DE NAISSANCE

Ces deux périodes de l'année peuvent être repérées aisément en degrés sur la Carte du Ciel de naissance, puisqu'elles correspondent aux signes qui sont en carré à notre signe solaire. Ainsi, on peut établir certaines relations entre les années précédentes et les suivantes afin de comprendre la résonance d'un tel carré. Cela est plus remarquable lorsque Mercure est rétrograde,

ou qu'il participe à une nouvelle Lune. Dans ce cas, ses effets sont plus longs, et ses répercussions sur la santé sont notables : manque de souffle, nervosité, maladresse, tendance à la dyslexie, et pour peu que Mars s'en mêle : coups, blessures, brûlures, etc.
On a du mal à s'exprimer, aussi bien verbalement que par écrit. On peut rater un rendez-vous, induire quelqu'un en erreur ou se tromper soi-même de direction dans un déplacement. Pour un homme d'affaires, ce carré correspond souvent à une journée « chou blanc », où le contact a du mal à s'établir, où l'on attend plus que de coutume.

Comment le positiver

En gardant le plus possible le contrôle, de ses actes comme de ses pensées. Plus que d'ordinaire, on doit cultiver la patience, la tolérance, la compréhension. Pourquoi ? Parce que cette personne qui n'avance pas dans la file de droite alors que vous voulez tourner rapidement pour arriver à l'heure à votre rendez-vous, est peut-être VOUS-même dans deux jours, en compagnie de votre petite amie ; et vous ne serez pas pressé de vous rendre au cinéma le plus proche, n'est-ce pas ? Alors, mettez un peu de Saturne dans votre moteur et allumez plutôt la radio, il y a sûrement une station qui vous permettra de décompresser. Et vous arriverez à votre rendez-vous plus décontracté et plus souriant, ce que votre interlocuteur appréciera.

MERCURE EN CARRE A LA LUNE NATALE

Comme pour les carrés de Mercure dans le ciel au Soleil de naissance, ces deux périodes de l'année peuvent être repérées aisément en degrés sur la carte du ciel de naissance et nous servir pour des études ultérieures.
La résonance d'un tel carré est plus remarquable lorsque Mercure est rétrograde, ou qu'il participe à une nouvelle Lune. Dans ce cas, ses répercussions sur la santé sont notables : troubles d'assimilation digestive, tics nerveux, agitation, difficulté de concentration, etc.
Superficiel ou instable, indécis le plus souvent, on a tendance à manquer de suite dans les idées. On éprouve des difficultés à s'organiser ou à suivre une certaine logique dans nos faits et gestes, surtout en ce qui concerne nos déplacements quotidiens. On choque parfois notre entourage par des propos ne manquant pas d'intérêt, mais plutôt de souplesse, plus particulièrement envers la gent féminine. Certaines personnes peuvent inconsciemment en venir au bavardage intellectuel. Plus prosaïquement, on reçoit un courrier qui nous met de mauvaise humeur, ou l'on a la visite d'un frère ou d'un ami mais on n'est guère enclin à communiquer.

Comment le positiver

On gagne à développer l'honnêteté intellectuelle et la pondération dans nos propos. En étant à l'écoute d'autrui, on facilite la communication car on peut l'aider à trouver des solutions à ses problèmes. Grâce à l'écoute consciente, on saisit mieux ce qui se dit « entre les lignes ». Alors que, si nous faisons ce que l'expression populaire appelle « la sourde oreille », nous subissons la discussion sans que l'un et l'autre n'en tire bénéfice. Il nous faut passer à la dimension uranienne du mental, afin de privilégier l'essentiel. Tant de personnes parlent pour ne rien dire, à notre époque. Aussi, ces deux périodes de l'année sont une bonne occasion de travailler sur notre capacité d'écoute et de compréhension.

MERCURE EN CARRE A VENUS NATALE

Comme pour les carrés précédents, on peut repérer en degrés ces deux périodes facilement sur la carte du ciel de naissance, et établir certaines relations entre les années afin de comprendre sa résonance.
Ce carré concerne essentiellement le domaine amoureux. Durant ces deux journées la tendance est à la mésentente, du fait d'une certaine incompréhension. Votre partenaire (vos amis et amies également) trouve problématique et ennuyeuse votre tendance à la dispersion. Comme vous éprouvez des difficultés à dire ce que vous pensez franchement, la personne aimée vous trouve malhabile, brusque, ou tête en l'air.
C'est pourquoi ce carré peut coïncider avec la réception d'une lettre de rupture ou plus simplement d'une mise au point verbale.
Cette lettre peut aussi concerner une facture à régler, ou contenir les propos d'un frère, d'un ami, qui a des problèmes de cœur ou d'argent.

Comment le positiver

On gagne à s'exprimer le plus possible et sans détours, sinon on risque de se perdre dans des relations superficielles ou de gâcher une relation qui ne demandait qu'à évoluer. Le fait que ce soit Mercure qui fasse carré met en exergue que l'autre a aussi du mal à s'exprimer. Mais justement, si on lui facilite la tâche en étant à l'écoute et en lui ouvrant notre cœur, il nous en sera reconnaissant. Trop souvent, les couples — surtout les jeunes — se fâchent pour des bêtises, et cela parce qu'ils ne savent pas comment communiquer leurs sentiments. Il faut dire que leurs aînés ne leur ont pas facilité la tâche, mais c'est aussi à eux de travailler sur la sincérité et l'honnêteté en matière de sentiments.

Les autres carrés de Mercure procèdent de la même logique :
— avec Mars natal, on éprouvera des difficultés pour faire cadrer nos paroles avec notre action, nos mouvements avec notre nervosité ;
— avec Jupiter natal, nos paroles n'auront pas de portée, et le courrier — envoyé ou reçu — ne nous enthousiasmera guère ;
— avec Saturne natal, notre façon de communiquer sera plutôt reçue comme une douche froide, ou bien le courrier administratif sera retardé ;
— avec Uranus natal, nous aurons plutôt tendance à nous emballer, et il faudra faire attention sur les routes ;
— avec Neptune natal, notre façon de communiquer risque d'être nébuleuse, confuse, et le courrier risque d'être égaré ;
— avec Pluton natal, nous ressasserons sans doute des idées noires, ou nos paroles risquent de choquer l'entourage par leur noirceur ou leur concupiscence.

Les carrés de Vénus

Les transits de Vénus sont plus significatifs lorsqu'ils concernent les planètes rapides que les lentes. En effet, son pas rapide (environ un degré et demi par jour) fait que ses transits ne durent qu'une journée. C'est pourquoi nous ne parlerons que de ses carrés aux luminaires (Soleil et Lune).
De par sa nature, Vénus adoucit et rend plus aimable la planète transitée. De ce fait, ses transits par conjonction, sextile ou trigone sont généralement bien vécus. Par contre, en carré ou en opposition on ressent comme une frustration, un mécontentement, une difficulté à communiquer nos sentiments.
Sur le plan pécuniaire, on dépense sans compter, sans réfléchir, ou bien on a affaire à des dépenses imprévues. Autant que possible, évitez donc d'acheter une robe ou une veste le jour d'un carré de Vénus à votre Soleil, votre Mercure ou votre Lune, car elle risque fort de finir rapidement au fin fond de votre armoire.
Pour une femme, l'une de ses filles peut lui poser problème, ou tout simplement la contrarier.

VENUS EN CARRE AU SOLEIL DE NAISSANCE

Durant cette journée-là, on est moins aimable que d'ordinaire, ce qui n'est pas fait pour que nos proches s'intéressent à nous. Alors, nous ressentons comme une frustration, un manque d'attention, et nos sentiments peuvent se transformer en ressentiments, en bouderie ou en jalousie.
Sur le plan pécuniaire, le carré de Vénus au Soleil occasionne généralement des trous dans le budget. Si Vénus ne fait que passer en transit direct, cela

ne porte guère à conséquence ; par contre, si elle rétrograde en carré ou en opposition — et plus encore si elle est stationnaire — elle peut coïncider avec une période de « vaches maigres ».

Comment le positiver

Il est préférable durant cette période de continuer à donner de l'amour, mais d'une manière plus subtile, moins démonstrative, moins sensuelle. En ouvrant son cœur avec sincérité, en étant attentionné, à l'écoute des besoins de nos proches, on se sentira moins frustré. Par proches, j'entends également les amis, les voisins, et aussi les animaux et les plantes, car l'Amour ne se limite pas aux membres de notre famille. Quelques jours après, on se sent libéré de cette tension affective et on peut aimer de nouveau comme bon nous semble, en étant conscient que, par cet effort sur nous-même, on a amélioré notre façon d'aimer qui s'en trouve renforcée. Si vous doutez de cela, faites-en l'expérience au prochain carré de Vénus à votre Soleil, surtout si elle rétrograde pendant le transit. Vous aurez ainsi l'occasion de travailler sur votre façon d'aimer et vous pourrez ouvrir encore plus votre cœur par la suite.

VENUS EN CARRE A LA LUNE DE NAISSANCE

Durant ce jour-là, on est plus sensible à nos besoins, qu'ils soient affectifs ou nutritionnels. Surtout dans ce cas-là, car les deux principes féminins, Lune et Vénus, sont en conflit dans notre psyché : on a besoin de câlins, voire de se faire dorloter comme un bébé, et le stade oral de notre prime enfance peut se réveiller. De là à sucer son pouce, il n'y a qu'un pas ! Mais n'exagérons rien, les répercussions varient selon les individus et les sexes. Ainsi, les femmes semblent mieux réagir que les hommes à ce carré, sans doute parce que ces derniers refoulent leurs sentiments ou y réagissent d'une manière plus sexuelle.
On peut également, ce jour-là, effectuer une dépense pour la maison, pour notre femme (si l'on est marié) ou pour notre mère, et... le regretter par la suite, excepté si la Lune natale reçoit un transit harmonique du Soleil ou de Jupiter.

Comment le positiver

En acceptant de lâcher prise par rapport à nos occupations quotidiennes.
Bien souvent, nous programmons notre semaine en fonction de notre

emploi du temps, qui lui-même dépend de nos obligations professionnelles ou familiales. Ce que l'on oublie c'est l'horloge céleste, et plus encore nos horloges individuelles qui ont leurs propres rythmes. Ce genre de carré, même s'il n'est pas forcément conflictuel, nous ramène à cette réalité. Si nous avions programmé d'aller faire des courses au supermarché parce que c'est samedi, et que le carré de Vénus à notre Lune natale nous incline plutôt à une sieste-câlin, il est facile de se culpabiliser et là, on vit le transit dans sa fonction négative.
Il est important de réaliser, et cela est valable pour tous les carrés de la Lune à nos planètes natales, que nos désirs ne sont pas programmables, sinon nous deviendrions des robots. En conséquence, il est bon de temps en temps de vivre au quotidien, en évitant de se fixer des tâches limitatives ou trop contraignantes. Ainsi, on peut vivre les carrés de Vénus à la Lune — et tous les carrés de la Lune — de manière positive.

Les autres carrés de Vénus procèdent de la même logique :
— avec Mars natal, on éprouvera des difficultés pour faire cadrer nos amours avec nos activités. Il sera donc préférable d'attendre le lendemain ;
— avec Jupiter natal, nos sentiments risquent d'être excessifs, exclusifs, ou le cadeau que l'on pense offrir est hors de prix ;
— avec Saturne natal, nos amours seront limitées par le temps, ou nos sentiments mal perçus ;
— avec Uranus natal, nous aurons tendance à nous emballer, ou des imprévus peuvent contrarier nos amours ;
— avec Neptune natal, nos amours ressemblent à un conte de fée, mais notre façon d'aimer n'est pas très réaliste ;
— avec Pluton natal, nos amours risquent d'être assez passionnées, voire licencieuses, mais il faudra tenir compte de la réelle portée des sentiments.

Les deux fonctions de Mars

A mi-chemin entre les planètes lentes et les rapides, Mars fait la jonction entre le personnel — le Soleil et les planètes intérieures — et le transpersonnel, représenté par les planètes lentes. Si les planètes rapides concernent plus particulièrement l'individu et les planètes lentes le collectif, Mars établit en quelque sorte le pont entre les deux.
Planète de l'action, elle représente notre degré de participation à la société, dont nous faisons irrémédiablement partie. C'est pour cela que la planète Mars est liée le plus souvent à nos activités, à notre profession.
Reliée analogiquement au signe du Bélier, Mars est une planète masculine. Si nous observons le cortège de planètes en partant du Soleil, notre Terre se trouve située entre Vénus — principe féminin — et Mars — principe masculin. Ce n'est donc pas un hasard si le genre humain est constitué par la gent féminine et la gent masculine. Nous remarquons également que, si dans la carte du ciel Vénus fait partie du trio (Soleil, Mercure et Vénus) Mars, par contre, est la première des planètes à avoir une course indépendante. Est-ce pour cette raison que l'homme est moins attaché que la femme au foyer, et par là à la Terre ?
Mars est également relié, comme la Lune, à nos désirs. Mais ceux de Mars parlent de conquête et de sexe, surtout pour l'homme (le diagramme de Mars est éloquemment masculin). Quoi qu'il en soit, la fonction positive de Mars est bien le sens des initiatives et le goût de l'action. Sans Mars, l'être humain serait plus passif, et l'évolution sur Terre beaucoup plus lente.

Le cycle de deux années environ de Mars fait qu'elle transite souvent nos planètes de naissance. Les carrés de Mars sont donc fréquents. Suivant les aspects qui la relient aux planètes lentes dans le ciel, ses transits sont vécus différemment d'un cycle à l'autre. Cependant, le sens global ne change guère, et c'est grâce à lui que nous pouvons cerner la nature du carré. Nervosité, agressivité, impétuosité, irascibilité, sont les mots qui viennent immédiatement à l'esprit. Quant aux effets, cela va de la dispute à la décla-

ration de guerre, de l'égratignure à la blessure en passant par les chutes et les brûlures.
Cependant, comme nous le verrons, il est possible de positiver ses transits, pour peu que nul « poil dans la main » ne nous gêne, que nous ayons le sens des initiatives, et surtout que nous gardions le contrôle de nos actes.
Qui se laisse dépasser par Mars ne peut récolter les bienfaits de Jupiter, car il aura toujours besoin d'un Saturne pour lui remettre les pendules à l'heure.
Les orbes de Mars sont assez déroutants : en principe 2° avant et 3° après, mais à la pratique Mars « s'attarde » quelque peu après le transit exact, même en carré. C'est pour cela que certaines personnes ressentent encore ses effets 4 à 5° après son passage. Sans doute parce que cette planète possède une énergie très stimulante, et donc marquante.

MARS CARRE AU SOLEIL NATAL

• *Sur les plans psychologique et physiologique*, on a tendance à gaspiller notre énergie ou à susciter des rapports de force, dans nos activités comme dans nos rapports avec l'entourage. Mars étant en analogie avec le désir, nous sommes durant cette période très « travaillés » par nos besoins, qu'ils soient sexuels ou autres. C'est pour cela que les carrés de Mars réveillent souvent l'agressivité en nous.
Sur le plan physiologique, ces aspects de Mars se traduisent souvent par des inflammations : gingivites, brûlures, aphtes, réactions hyperthermiques. Pour les Soleils en Cancer ou en Vierge, ces « guerres intestines » peuvent se traduire par des troubles gastriques ou intestinaux.

• *Sur le plan événementiel*, il s'agit le plus souvent d'une période assez agitée, durant laquelle on est soit très occupé, soit très nerveux. D'un tempérament téméraire, parfois agressif ou casse-cou, il suffit que quelqu'un contrarie nos désirs pour que l'on s'emballe, que l'on « sorte de ses gonds ». L'état nerveux non maîtrisé peut provoquer des coups, des brûlures : on se coupe en ouvrant une boîte de conserve, on se cogne à la tête, on se brûle en allumant le gaz, etc.

Comment le positiver

On doit contrôler ses actes et ses paroles, ce qui veut dire tout d'abord maîtriser son système nerveux. Or, une vie stressante comme beaucoup la vivent actuellement ne permet pas toujours de garder ou de retrouver son calme. C'est pourquoi il est recommandé de s'accorder un temps de repos et de réflexion quotidien pendant toute la durée du carré (orbes comprises) : sieste, méditation, séance de massage, ou pratique d'un sport non violent. L'énergie marsienne peut alors se concentrer et l'action devient plus efficace. En effet, nous pouvons faire montre d'une énergie peu commune et abattre un travail qui d'habitude nous aurait pris plus de temps.

MARS CARRE A LA LUNE NATALE

• *Sur les plans psychologique et physiologique*, ce transit se traduit généralement par une tension extrême, surtout pour les personnes sensibles (les natifs dont la Lune est en signes d'Eau en particulier).
On est vite blessé ou plus simplement chagriné, ce qui peut avoir des répercussions sur la santé : inflammations gastriques, irritation des muqueuses, douleurs à l'estomac, etc.

• *Sur le plan événementiel*, on devient susceptible ou arrogant, et les disputes sont fréquentes sous cet aspect : on ne supporte guère les insinuations ou les remontrances, surtout celles de la gent féminine. La Lune étant en rapport avec la mère ou notre progéniture, l'agressivité dont on risque de faire preuve peut les concerner. On peut se blesser en faisant du bricolage à la maison, et dans ce cas on constatera que ce n'est pas le bon moment (parfois notre intuition nous l'avait soufflé avant, mais...).
Le désir étant stimulé, l'attirance sexuelle est favorisée mais elle est plutôt vécue comme une frustration.

Comment le positiver

En étant à l'écoute de notre intuition (sur le plan matériel) et en modérant nos emballements (sur le plan relationnel). Pour ce qui est de l'intuition, on peut faire appel à l'Uranus de notre Thème, car c'est lui qui dirige le mental causal. Voyez où et dans quels domaines vous utilisez ce côté uranien (signe, maison, aspects et maîtrise) et appliquez-le dans votre vie quotidienne. Vous verrez, vous découvrirez une façon de fonctionner totalement nouvelle. Pourquoi ? Parce que vous agirez dans le présent, en accord total avec ce qui se passe, ici et maintenant.
Idem sur le plan relationnel : si l'on vit trop dans le passé, la relation s'essouffle, ou se complique. Et si l'on vit trop dans le futur, la relation s'épuise à courir après l'espoir (d'une grande maison, d'argent pour se marier, pour voyager...). En modérant nos emballements, on pense à s'accorder au temps présent et on se contente d'apprécier ce qui se passe. Les personnes qui s'aiment vraiment vivent « d'amour et d'eau fraîche » dit le dicton populaire, et il a un fond de vérité...

MARS CARRE A MERCURE NATAL

• *Sur les plans psychologique et physiologique*, ce transit est généralement assez nerveux (comme pour la Lune). On veut être rapide, combatif, incisif et vivace dans nos mouvements ou nos déplacements, mais on agit quelquefois sans réfléchir, de façon impulsive, turbulente ou violente.
On a en effet tendance à agir sur des coups de tête, à partir précipitamment, à ne pas faire attention à nos gestes saccadés qui provoquent parfois des chutes d'objets, des coupures ou des brûlures (aux mains, à la tête). Selon l'ensemble du thème, les pathologies possibles sont des névrites, des névralgies, ou une irrégularité thyroïdienne.

• *Sur le plan événementiel*, que ce soit par conjonction, en carré ou en opposition, les conséquences sont assez semblables. Le mental est très agité, les gestes brusques et les paroles peuvent être blessantes, ce qui peut occasionner des disputes. Mercure étant en rapport avec les déplacements, des risques d'accident sont possibles, mais il y faut d'autres aspects (Uranus ou Saturne le plus souvent).

Comment le positiver

De la simple nervosité à l'attitude agressive, toute une gamme d'états intermédiaires existe, pouvant perturber notre équilibre. Et comme Mars est également lié à notre action personnelle, nos initiatives, le bon fonctionnement de notre organisme dans son ensemble en dépend.
Dans un état équilibré, le corps tout entier fait les gestes qu'il faut, effectue les tâches au rythme qui lui convient, en accord avec son environnement. Si vous pelez des oignons, par exemple, vous calculez la bonne pression du couteau et séparez bien régulièrement les tranches sur votre planchette de bois. Même si vous pensez à tout autre chose ou écoutez de la musique, votre inconscient dirige les différentes manœuvres. Vous êtes en quelque sorte sur « pilotage automatique ».
Par contre, si vous êtes contrarié ou nerveux à cause d'une dispute ou d'un problème qui vous « prend la tête », votre esprit n'est plus en accord avec votre corps et vos mains risquent de faire des gestes nerveux, désordonnés, lesquels peuvent occasionner le geste fatal : vous vous coupez. Cela n'a l'air de rien, mais analysez clairement la situation si cela vous arrive. Vous direz sûrement à vos proches : « Ce matin, je me suis coupé en épluchant les oignons » ; vous ne direz pas : « Ce matin, je pensais à ce que X m'a dit et j'étais tellement contrarié que j'ai eu un geste maladroit, et voilà le résultat ». *Je me* suis coupé, c'est-à-dire : *je* a coupé *moi*. C'est

parce que vous avez dissocié votre esprit de votre corps que vous vous êtes blessé.
En conséquence, dans ce genre de transit, il est essentiel de garder le contrôle de son système nerveux et de faire les choses *en conscience*.

MARS CARRE A VENUS NATALE

• *Sur les plans psychologique et physiologique*, ce transit est propre à éveiller le désir, pour l'homme comme pour la femme, mais en carré il est plutôt ressenti comme une frustration.
Mars étant un principe actif et Vénus un principe passif (ou émetteur et récepteur), il se crée alors comme un champ magnétique attirant l'un vers l'autre. Cependant, ils ressemblent à deux aimants (sic) que l'on essaie de rapprocher : ils se repoussent dès qu'ils sont trop proches. Quelquefois, ce carré entraîne (selon l'ensemble du thème) des affections des voies génitales ou urinaires, ou des inflammations des organes génitaux.

• *Sur le plan événementiel*, l'attirance est vécue de façon passionnée, impérieuse, mais les rapports qui en résultent sont assez conflictuels : on passe de l'amour à la haine en très peu de temps, et il n'est pas rare que des disputes, parfois violentes, en résultent.
Ce transit peut également coïncider avec des initiatives (Mars) prises sur le plan pécuniaire (Vénus) mais on ne peut réaliser de bonnes affaires que dans la mesure où Vénus est bien aspectée, dans le natal comme dans le ciel. Cependant, l'argent gagné est vite dépensé, Mars incitant à « flamber » plus que d'ordinaire, surtout si c'est le « coup de foudre » qui prédispose généralement à la dépense.

Comment le positiver

Pendant toute la durée du carré (une semaine environ) il faut veiller à modérer son agressivité, surtout dans les rapports amoureux. Ce sont les hommes qui ont le plus de difficultés à la contenir, car ils ressentent très fortement les pulsions sexuelles. Si c'est un sportif, il la canalisera aisément, mais si c'est un intellectuel, il aura tendance à faire des reproches à sa partenaire, à la provoquer, et cela pourra tourner à la dispute. Il gagnera plutôt à s'activer dans sa profession, faire du ménage dans son bureau (ainsi, il le fera dans sa tête) ou faire un peu de footing chaque matin. Pour les deux sexes, ce carré peut passer par le rapport sexuel, mais il faut veiller à être moins empressé, plus attentionné et plus câlin, afin d'éviter les éventuels échauffements, les bleus et les égratignures...

MARS CARRE A JUPITER NATAL

• *Sur les plans psychologique et physiologique*, ce carré n'est pas très marquant. Durant les quelques jours de ce carré, on manque parfois de « self-control », nos jugements peuvent être impulsifs ou manquent de mesure. Eprouvant tellement l'urgence d'arriver à nos fins, on emploie parfois des méthodes radicales ou excessives. Les pathologies possibles (selon l'ensemble du thème) sont une surcharge hépatique ou de l'hypertension.

• *Sur le plan événementiel*, on prend des initiatives visant à améliorer notre condition mais on dépense sans compter ou l'on tombe dans l'excès : achat d'une nouvelle voiture alors que le découvert bancaire n'est pas loin, réclamation d'une augmentation en pleine réunion patronale, etc. On a quelquefois tendance à agir *a contrario* de nos aspirations ou de nos intérêts. De ce fait, on n'est pas très efficace et cela nuit à notre expansion. Nos initiatives ne portent pas leurs fruits, on devient malchanceux. Mais ce transit ne dure que quelques jours...

Comment le positiver

On doit éviter autant que possible les grosses dépenses, les actions trop dangereuses, et les excès en tout genre. Dans ces cas-là, il est bon de porter un regard différent sur nos objectifs en se posant les vraies questions : « Est-ce que je suis sur la bonne voie ? Est-ce que je ne perds pas mon temps actuellement ? Et si cela est, quand ai-je changé de voie ? » Car bien souvent, on se laisse emporter par le flux stressant du quotidien, on vise des buts matériels et on oublie les objectifs principaux de notre existence ; et surtout on oublie que ces objectifs sont censés nous rendre heureux !

A partir de Saturne, les carrés de Mars sont beaucoup moins ressentis par l'individu, car ils concernent son rapport au collectif. En conséquence, ils doivent être pris en considération mais leur résonance sur la psyché doit être minimisée.

MARS CARRE A SATURNE NATAL

Ce transit est vécu différemment à chaque passage de Mars, car tout dépend des transits des planètes lentes dans le même temps.
Si ceux-ci sont harmoniques par rapport à l'ensemble du thème, on prend des initiatives dans le domaine de notre contexte social : on met en route

une démarche administrative, on fait une demande auprès d'une institution, on débute des travaux à long terme pour notre demeure, mais ces démarches sont difficiles, problématiques. Si les transits sont dissonants par rapport à l'ensemble du thème, on peut subir une intervention chirurgicale, faire une chute en montagne ou se fâcher tout rouge envers une employée de l'administration. Comme vous le voyez, les conséquences d'un tel transit sont difficilement prévisibles et il convient de replacer ce transit dans le contexte de l'ensemble du thème, et de la position des planètes dans le ciel.

Comment le positiver

En ne précipitant pas les choses, en prenant le temps (Saturne) d'étudier les tenants et les aboutissants avant d'agir (Mars). Saturne représentant également les institutions, les administrations, il est important de tenir compte des lois et de leurs représentants avant d'entamer une action car elle pourrait nous porter tort, à plus ou moins long terme. Et, si l'on y réfléchit bien, pourquoi forcer les choses et s'attirer les foudres de la Loi puisque dans quelques jours, le carré s'étant éloigné, on pourra constater que les portes s'ouvrent toutes seules...

MARS CARRE A URANUS NATAL

Généralement, ce transit est assez remuant et prédispose aux actes impulsifs, irréfléchis. Analogiquement, on prend des initiatives (Mars) dans le but de nous démarquer (sens de notre Uranus natal) mais celles-ci rencontrent des obstacles, des imprévus. Ainsi, si notre Uranus natal est lié à l'inventivité, on peut mettre en marche un nouveau système, essayer de nouvelles techniques mais ces initiatives ont des ratés. Cela va du « beug » informatique à l'explosion, en passant par le banal court-circuit. Si notre Uranus est lié aux déplacements, on peut décider (Mars) de déménager ou de partir en voyage (Uranus), même pour une courte période. Cependant, il convient d'être prudent sur les routes, surtout si notre Uranus natal reçoit des aspects dissonants.
Quelquefois, ce carré peut être conflictuel : les disputes envers l'entourage sont très fréquentes, et les risques d'accident — ou plus simplement de gestes ou d'actes maladroits — sont possibles.

Comment le positiver

Puisque celui qui pratique l'astrologie a le privilège de pouvoir prévoir, autant qu'il utilise à bon escient cet outil précieux que constituent les

éphémérides. Avant de partir en voyage, il est donc bon de vérifier les positions de Mars et de Mercure par rapport à nos planètes natales. Ainsi, un Mercure rétrograde dans le ciel en carré avec le Soleil natal peut occasionner une panne d'automobile. Un Mars en carré à Uranus dans le ciel affectant notre Mercure natal peut occasionner un accident, même mineur. Si l'on ne peut changer la date d'un départ, on doit être plus vigilant que d'habitude et laisser si possible le volant à une autre personne.
De même, dans le cadre de nos activités « uraniennes » (informatique, électricité, etc.) il est parfois sage de se poser la question « Est-ce que je ne peux pas remettre ce travail à plus tard ? » Encore une fois, fiez-vous à votre intuition.

MARS CARRE A NEPTUNE NATAL

On prend des initiatives en rapport avec nos convictions personnelles, on croit agir dans le sens de nos idéaux, mais on se trompe parfois. Et ces initiatives sont des « coups d'épée dans l'eau », des actes qui ne mènent à rien, ou dont la finalité est illusoire. Si la personne a des tendances fanatiques et se prend pour Don Quichotte ou pour Rambo, ses actions frisent l'utopie ou l'incohérence.
Plus prosaïquement, on a pendant ces quelques jours une multitude de choses à faire, mais le désordre nous poursuit, et on a du mal à voir clair dans tout ce fatras, alors, il vaut mieux attendre de meilleurs auspices...

Comment le positiver

Il est parfois bon de se demander si nos actions vont dans le sens de nos idéaux, si elles servent autre chose que nos intérêts propres, nos désirs égoïstes, car le travail de l'homme sur cette Terre est aussi de partager avec ses semblables.
Mais pour certains, ces idéaux sont teintés de vengeance, de revanche, de fanatisme, voire de sectarisme. Aussi, doivent-ils s'efforcer de comprendre si leurs actions vont dans le sens de la morale, c'est-à-dire qu'elles ne portent préjudice à personne et servent la véritable justice : la justice céleste. Pour cela, on peut faire appel à sa conscience qui, en fait, est très proche de notre âme.
Idem pour tout ce qui touche à l'alcool et aux drogues. Un tel aspect peut tenter celui qui essaye de s'en sortir, et s'il décide de laisser passer la tentation grâce à sa volonté, il pourra se féliciter, quelques jours après, de cette sage décision.

MARS CARRE A PLUTON NATAL

Que ce soit en transit par conjonction, carré ou opposition, cette courte période met en conflit nos initiatives et notre instinctivité. De ce fait, des actes inconscients, irresponsables et le plus souvent incontrôlables sont possibles. Il est difficile de canaliser nos impulsions et nous avons parfois l'impression de perdre tout contrôle.
On peut également vivre une période très sexuelle durant laquelle les fantasmes sont très fréquents, mais ils sont vécus de manière pulsionnelle, voire sordide.
On peut mettre en marche une action visant à spéculer (loterie, casino) mais c'est le plus souvent « jeter l'argent par la fenêtre ».
On peut également décider de tout changer dans notre maison et de faire des travaux mais il faut savoir que, sous un tel transit, on ne fait pas dans la dentelle !

Comment le positiver

C'est pourquoi on peut positiver ce transit en faisant des travaux « lourds » (abattre une cloison, couler une dalle, etc.) mais il faut prendre certaines précautions quant à la sécurité. On peut également faire un grand ménage dans notre maison ; ce faisant, nous ferons le ménage dans notre tête, ce qui la libérera des pulsions plutoniennes. Il faut se méfier, durant ces quelques jours, d'une tendance à tout casser, à jeter les choses, car on risque de le regretter par la suite. Et si la tension est trop forte, on peut se défouler en faisant trois fois le tour du quartier en courant, ou en faisant des « pompes » pendant dix minutes !

Exemple de transits multiples

Pour illustrer un transit de Mars et faire la transition avec les carrés de Jupiter, voici la carte du ciel d'un natif du Bélier dont le Mars en Taureau est angulaire et carré aux Nœuds lunaires.

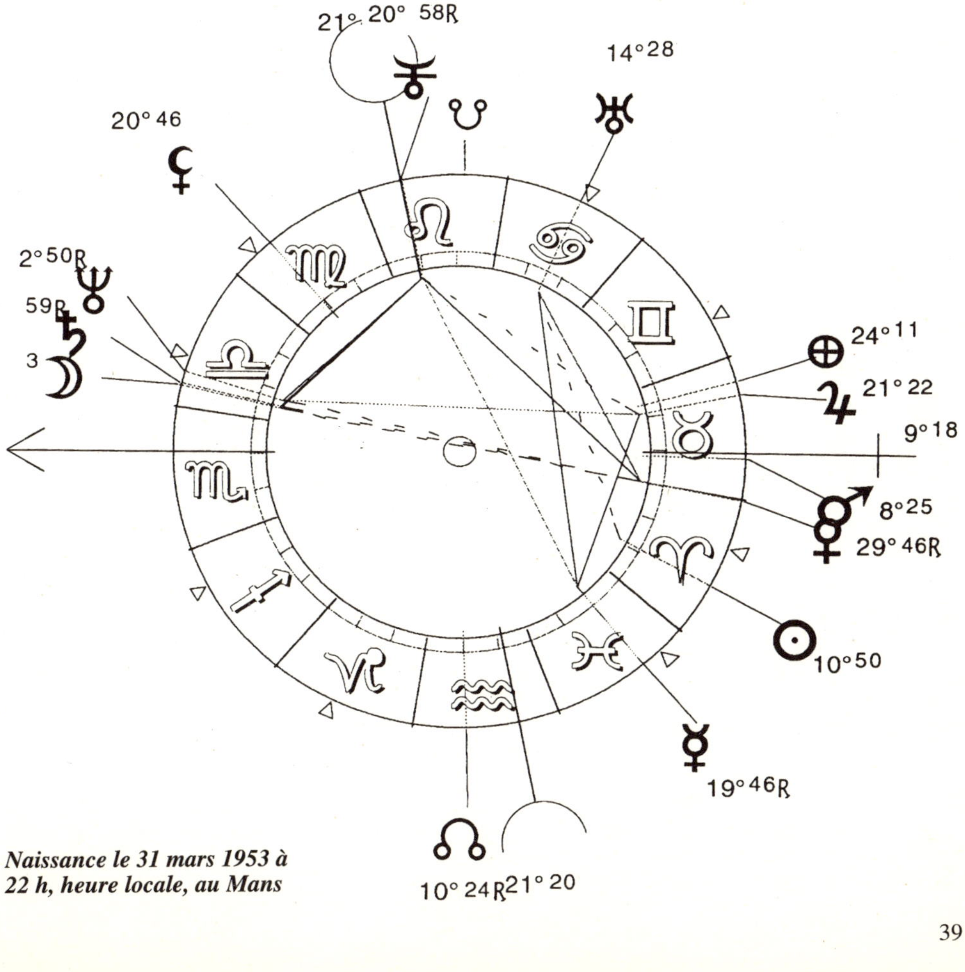

Naissance le 31 mars 1953 à 22 h, heure locale, au Mans

Comme Mars est maître du signe solaire, il faut accorder de l'importance à cet indice karmique[1]. De toute évidence, cet homme purge un karma marsien (karma lié à l'agressivité), d'autant que son Soleil est uniquement carré à Uranus!
Durant un carré de Jupiter à son Soleil, cet homme décida de faire du feu dans son jardin afin de brûler quelques mauvaises herbes. Comme cela mettait du temps à prendre (impatience du Bélier !) il prit une bouteille d'essence et arrosa le tas de feuilles. Son geste fut sans doute maladroit puisqu'il prit feu lui-même comme une torche. Emmené d'urgence à l'hôpital, il fut transféré quelques heures plus tard au secteur des grands brûlés car il s'agissait d'une brûlure au second degré. Toutefois, en bon Bélier/Scorpion, il fut rétabli en quelques semaines.
Voyons maintenant la carte du ciel de l'accident :

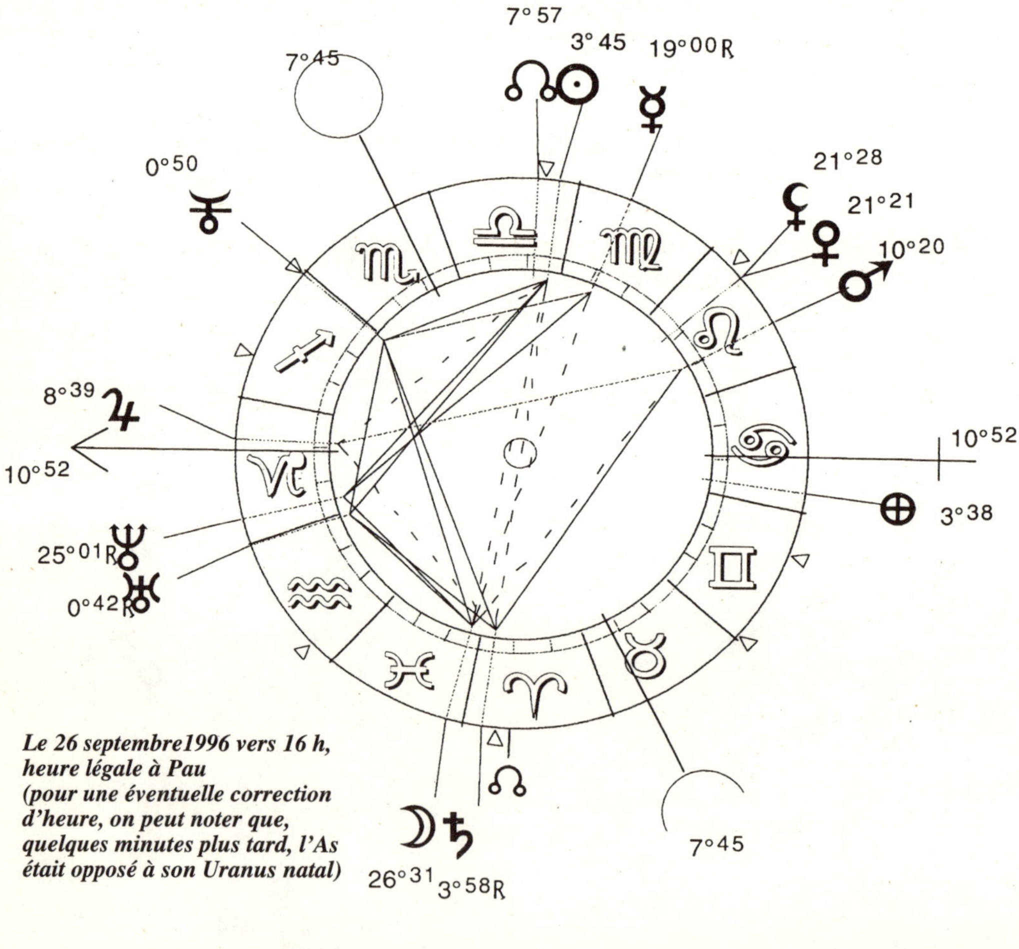

Le 26 septembre1996 vers 16 h, heure légale à Pau (pour une éventuelle correction d'heure, on peut noter que, quelques minutes plus tard, l'As était opposé à son Uranus natal)

[1] Les indices karmiques sont, pour l'auteur : les Nœuds lunaires et leurs Régents (maîtres planétaires), la Lune noire, la Part de Fortune, les planètes rétrogrades et les aspects dissonants (surtout aux Nœuds lunaires). Voir son livre, *Astrologie karmique : principes de base et pratique*, éditions De Vecchi.

Voici quels étaient les transits du jour.
En toile de fond :

— Neptune au carré de la conjonction Lune-Saturne, le prédisposant aux actes irréfléchis, à l'étourderie ;
— Jupiter carré aux Nœuds revenant direct au carré du Soleil natal (en troisième phase de rétrogradation) : le geste excessif ;
— Uranus carré Vénus en VI (niveau physique et esthétique).

En transits du jour :

— Mars transitait son Nœud Sud (Lion en IX) dont le Régent est le Soleil, au carré de sa position natale, reproduisant sans doute un acte du passé (antérieur et de cette vie) afin de le ramener à la conscience ;
— la Lune Noire en conjonction étroite avec Vénus transitait son Pluton au MC, au carré de son Jupiter natal, mettant l'accent sur le côté karmique de cette « rédemption » inconsciente sur le plan affectif.

Heureusement, le trigone de Saturne lui permit de retenir la leçon et, sur le plan social, d'être pris en charge pour les frais d'hospitalisation.

Voilà ce qui m'a sauté aux yeux, mais nul doute que les passionnés d'astrologie y découvriront d'autres indices.

Les deux fonctions de Jupiter

Jupiter est la planète préférée de tous ceux qui étudient l'astrologie.
Qui n'a jamais guetté, l'index parcourant fiévreusement les éphémérides, le futur transit de Jupiter sur l'une de ses planètes personnelles ? Le « Grand Bénéfique » comme le nomme la Tradition, n'apporte-t-il pas prospérité, chance et bonheur ? Lorsque Jupiter arrive, on bénéficie en effet d'un climat particulièrement bienveillant durant quelques semaines : des opportunités se présentent, on nous invite à des fêtes, on retrouve la bonne humeur, la vie nous semble agréable et les contacts avec autrui sont facilités.
Cependant, comme chaque planète a une fonction positive et une fonction négative, Jupiter prédispose également aux excès de toutes sortes. Cette tendance se manifeste également lors d'une opposition, mais le phénomène est amplifié lorsque Jupiter prend en carré l'une des planètes natales.
En transitant une planète de naissance (orbe : 3° avant et après), Jupiter vient grossir, amplifier, exagérer la fonction initiale de cette planète. En conséquence, il est intéressant d'observer ses transits par conjonction, qui nous révèlent avec plus de précision chaque tendance et chaque potentialité de notre thème. Jupiter faisant ainsi effet d'amplificateur ou de « loupe », l'occasion nous est donnée de mieux l'appréhender.
Ainsi, on pourra mieux évaluer l'impact d'un transit en carré, qui sera forcément moins bien vécu que le transit par conjonction.
Mais à la pratique, les carrés de Jupiter ne sont pas très difficiles à vivre, et ceci pour deux raisons : tout d'abord parce qu'ils sont de très courte durée (quelques semaines), et ensuite parce que Jupiter ne remet pas forcément en question comme le font les planètes transaturniennes.
Par contre, si le carré de Jupiter intervient en même temps qu'un transit de Mars ou de Saturne, l'événement peut être parfois assez remarquable. L'exemple des pages précédentes aura peut-être suffi à vous convaincre des effets parfois démesurés de Jupiter.
Cependant, comme nous aurons l'occasion de le constater dans les paragraphes qui suivent, il est toujours possible de le positiver, tout au moins d'en tirer une leçon intéressante.

Avant cela, une précision s'impose : depuis que Jupiter a reçu (en 1994) un énorme météorite, sa fonction a évolué de façon notable. A la pratique, ses transits sur les planètes personnelles semblent avoir beaucoup plus d'impact et de force qu'auparavant, en dissonance comme en harmonique. C'est pourquoi on peut le considérer dorénavant comme un luminaire. Ce sont les astrologues chinois qui vont être ravis, eux qui l'ont toujours mis au premier plan !

JUPITER CARRE AU SOLEIL NATAL

• *Sur les plans psychologique et physiologique*, la chance semble nous abandonner pour un temps. Les occasions de faire valoir nos capacités, de briller ou de nous mettre en valeur, se font rares. On peut alors devenir exigeant, excessif, revendicateur. Pour peu qu'on se laisse aller à ces humeurs, des tendances négatives peuvent être réveillées par ce transit : caprices, extravagance, comportement absurde, comédie fantasque, etc. De ce fait, notre entourage peut s'éloigner pour un temps, et l'enthousiasme avec. Qui peut se vanter de garder tous ses amis en adoptant ce genre de comportement ? Il est donc sage pendant quelque temps de ne pas trop compter sur la chance ou sur les autres.
La personne peut également vivre une crise passagère de boulimie. Si elle a une tendance à l'obésité ou qu'elle a déjà un problème de boulimie, le carré peut accentuer cette inclination. Comme la tendance est à la bouderie, des désordres physiologiques peuvent en résulter : digestion difficile, constipation, maux d'estomac, ou encore problèmes vasculaires (hypertension).

• *Sur le plan événementiel*, la position du Soleil en signe et maison et les aspects qu'il reçoit indiquent les tendances négatives pouvant être réveillées par ce transit. Par exemple, si le Soleil natal est en Balance en maison II et carré à la Lune, la personne deviendra tellement exigeante que son entourage aura tendance à s'éloigner d'elle. Si le Soleil natal est en Sagittaire et en maison VIII, le carré de Jupiter depuis la Vierge coïncidera avec des dépenses imprévues, ou bien à un refus de prêt bancaire. S'il est en VI, le foie risque d'être assez fragile, etc.

Comment le positiver

Ce transit n'est pas forcément problématique en ce sens qu'il nous fait tout simplement prendre conscience de l'importance de la fonction jupitérienne : la joie, l'enthousiasme et la propension à l'aisance sont des ingrédients de la vie qu'il ne faut pas oublier, qu'il est vital de préserver. Comme ce transit ne dure que quelques semaines, il est sage de prendre sur

soi et de cultiver des qualités... saturniennes. Il faut donc économiser ou éviter les dépenses inutiles, et s'économiser également sur le plan physique en adoptant un régime raisonnable.
Il faut garder à l'esprit que la roue tourne, et que chacun profite de façon égale des bienfaits de Jupiter. Au positif, ce transit peut amener à plus d'exigence envers... soi-même.

JUPITER CARRE A LA LUNE NATALE

• *Sur les plans psychologique et physiologique*, une personne très sensible peut connaître lors de ce transit une période assez éprouvante, vu que Jupiter viendra amplifier son humeur et sa perception du monde extérieur. Devenant soudainement hypersensible, elle peut ainsi ressentir avec plus d'acuité des bouffées de chaleur, des spasmes ou des vertiges. Si la Lune est très dissonante dans le thème natal, un état dépressif peut en résulter.
La Lune étant en rapport avec la nourriture et la façon dont on s'alimente, l'appétit est assez aiguisé lors de cette période, aussi est-il bon de savoir que ce transit prédispose également à la boulimie. Si la Lune est dissonante ou en maison VI : rétention d'eau, pléthore, surcharge alimentaire ou troubles hépatiques.

• *Sur le plan événementiel*, on est trop gourmand, et ceci sur tous les plans : on devient exigeant, on trouve que la vie est injuste, que l'on n'a pas de chance. Ce qui est faux bien entendu, mais on est tellement sensibilisé que nous nous considérons comme exclus.
La gent féminine peut sembler accaparante, excessive, et si l'on a affaire à un public ou une clientèle, on tombe souvent sur des enquiquineurs, des radins ou des bavards. Pour un artiste ou un homme public, cette période coïncide avec une baisse de popularité, ou à des critiques ouvertes.
Comme la Lune est en analogie avec le foyer, on devient morose et on ne supporte plus d'être enfermé entre quatre murs. Aussi, l'idée de déménager peut effleurer l'esprit, mais ce n'est pas une période faste pour trouver un nouveau logement. En effet, on risque de faire des dépenses inutiles, surtout si l'on projette de devenir propriétaire. A signaler également une baisse de régime sur le plan des finances : des dépenses imprévues pour la maison ou pour les enfants, un retard de chèques à l'encaissement ou encore un refus de prêt bancaire, sont possibles sous un tel aspect.

Comment le positiver

Tout d'abord en évitant le plus possible les dépenses inutiles, et en veillant à adopter une autodiscipline alimentaire raisonnable durant le transit. Plus

que jamais, on doit être conscient de ce qui est suffisant. Ensuite, on peut travailler sur ses émotions. Puisque le plan émotionnel est assez exacerbé durant cette période, autant en profiter pour suivre un stage concernant ce travail, faire du yoga, ou méditer plus souvent que d'habitude. Toutes les méthodes qui visent à canaliser les émotions peuvent aider à faire le point sur ces tendances : peinture, musique, taï chi, théâtre, etc.
La baisse de popularité que rencontre l'artiste ou la personne ayant un contact fréquent avec un public nous renseigne sur la leçon que Jupiter donne à la Lune par le carré. Les désirs et les émotions doivent être maîtrisés, canalisés, sinon la personne risque de se retrouver toute seule ou presque à la fin du transit. Elle doit montrer l'exemple, et c'est par une attitude digne, exempte de toute sensiblerie, qu'elle pourra regagner l'estime de sa clientèle ou de son public.

JUPITER CARRE A MERCURE NATAL

• *Sur les plans psychologique et physiologique*, une tendance à l'exagération est notable, surtout si la personne travaille dans le secteur de la communication. Les collègues trouvent que ses propos sont excessifs, vindicatifs, arrogants, et sa manière de s'exprimer devient parfois grossière. De plus, la personne a du mal à gérer ses affaires. Elle éprouve parfois des difficultés pour faire face à ses engagements ou tenir ses promesses.
Des perturbations nerveuses sont possibles sous un tel transit, mais il faut d'autres facteurs pour que cela devienne réellement problématique.

• *Sur le plan événementiel*, ce n'est guère le moment de se lancer dans une affaire nouvelle ou nécessitant notre participation financière ! En effet, cet aspect ne permet pas de jouir d'opportunités en ce domaine, à moins que les autres planètes personnelles (Soleil, Lune, Vénus ou Mars) ne reçoivent d'aspects harmoniques de Jupiter dans le même temps. On est assez maladroit, verbalement comme gestuellement. Aussi, il existe une prédisposition aux coups et aux blessures, sans gravité le plus souvent.
Comme Mercure est lié aux déplacements, on peut aussi rater un rendez-vous important, se tromper dans un itinéraire, acheter un billet de loterie et l'égarer, et même perdre de l'argent !

Comment le positiver

Durant toute la durée du carré, on doit faire preuve de plus de discernement, surtout si l'on traite des affaires qui engagent une participation financière. Prendre le temps (Saturne) de peser le pour et le contre permet de minimiser les risques. Prendre conseil auprès d'un proche saturnien (sérieux et ayant du recul) et adopter une attitude plus généreuse et ouverte, est la meilleure manière de positiver ce carré.

JUPITER CARRE A VENUS NATALE

• *Sur les plans psychologique et physiologique*, ce carré incline à un comportement indolent et dépensier, au goût du luxe et parfois... de la luxure. On est fortement tenté de faire la fête, même si nos finances ne le permettent guère. On peut parfois éprouver l'infidélité du partenaire, qui cultive alors des tendances immorales mais il y faut d'autres facteurs. Guère enthousiaste et aimable durant ce transit, on est enclin à juger l'autre ou à exiger plus d'amour, comme si c'était un dû (« Après tout ce que j'ai fait pour toi ! ») ou à se laisser aller à des caprices enfantins.
Les pathologies possibles, selon l'ensemble du thème, sont l'embonpoint (dû à la gourmandise) un surmenage hépatique, des allergies cutanées, et cela peut aller jusqu'à la stase circulatoire (congestion).

• *Sur le plan événementiel*, ce transit amène parfois des débordements amoureux ayant pour conséquence des esclandres, voire des ruptures. Cela dépend, bien entendu, de la nature de Vénus dans le thème natal. Si celle-ci est bien aspectée, cela peut en rester à une discussion de couple un peu mouvementée (avec claquement de porte, par exemple). Si Vénus natale reçoit des aspects dissonants, l'insatisfaction ressentie durant le transit peut la rendre excessive. De ce fait, si l'on est engagé sentimentalement avec une personne qui ne nous convient pas ou plus, nous aurons tendance à exiger plus d'attention, plus d'amour de sa part afin de l'éprouver. Et si elle ne répond pas à notre attente, nous irons jusqu'à nous en séparer.
Sur le plan pécuniaire, on est sujet à des excès : on dépense à tort et à travers, et on n'hésite pas à vivre sur le dos des autres. Ceci est dû en fait à l'insatisfaction ressentie sur le plan sentimental : on comble le manque.

Comment le positiver

Durant toute la durée du carré, il faut éviter d'être d'une exigence telle que le partenaire puisse prendre la fuite. De même que l'on ne peut forcer personne à nous aimer, on ne peut prétendre aimer pour deux. D'autant que, si l'on y réfléchit bien, c'est par égoïsme que l'on agit de la sorte.
D'autre part, il est préférable d'adopter un comportement quasi saturnien : veiller aux dépenses superflues, accepter la solitude si cela est nécessaire, et travailler sur soi en cherchant les raisons profondes de notre insatisfaction. Le plus souvent, c'est la période précédant de quelques mois le carré qui en est la cause. Une erreur a été faite et on doit réajuster.

JUPITER CARRE A MARS NATAL

• *Sur les plans psychologique et physiologique*, on est sujet aux emportements, aux colères intempestives, aux débordements les plus divers. C'est pourquoi les personnes hypernerveuses ou sujettes aux problèmes cardiaques doivent veiller à se relaxer durant ce transit.

• *Sur le plan événementiel*, on a tendance à se fourvoyer dans nos occupations, et parfois on en fait trop. De plus, ce transit correspond à une période où notre travail, nos activités ne nous apportent guère satisfaction. La chance n'est pas au rendez-vous dans ce domaine, d'où les problèmes et les imprévus qui freinent notre avancement. Ayant du mal à contenir notre nervosité ou notre agressivité, on prend des décisions qui ne sont pas des plus heureuses (l'opposition est nettement plus faible sur le plan événementiel que le carré). Si l'on est tenté durant cette courte période par des propositions alléchantes concernant notre travail, il est préférable d'être prudent et de ne point s'emballer. Le carré dépassé, on pourra renégocier et voir si cela tient toujours.
Pour une femme, pour laquelle Mars représente aussi l'amant, ce transit peut réveiller son désir, mais ce désir peut tourner à l'agressivité ou se vivre comme une frustration.

Comment le positiver

Si Mars natal est agressif, il y a risque de colères ou d'esclandres pouvant nous porter tort. Il est préférable de réserver cette énergie marsienne à des coups d'éclat dans notre travail, ou encore à la pratique d'un sport. En effet, certains sportifs arrivent à battre des records sous de tels aspects. En se dépassant, en se prouvant que l'on est capable, on canalise cette énergie de façon constructive.

JUPITER CARRE A JUPITER NATAL

Pas vraiment spectaculaire, ce transit freine quelque peu les démarches visant notre expansion personnelle, en rapport avec notre Jupiter natal : prêt bancaire, avancement, opportunités dans les activités, etc.
On a plutôt tendance, durant ce transit, à vivre comme si la chance était à nos côtés ! On se laisse vivre, on se repose sur ses lauriers, on est tenté par toutes sortes d'excès et on dépense sans compter.
Ce qui ne nous empêche pas d'être conscient que les lendemains seront durs, et en général... ils le sont ! Pendant ce transit de Jupiter, il est donc

conseillé de tenir compte de son antithèse : Saturne, et de rester prudent, sérieux, économe.

JUPITER CARRE A SATURNE NATAL

• *Sur les plans psychologique et physiologique*, ce carré confronte aux principes d'expansion et de restriction, qui font partie tous deux de notre nature. On hésite entre deux attitudes : oser coûte que coûte, ou bien freiner pendant qu'il est encore temps. Si Saturne natal reçoit des aspects dissonants, Jupiter par ce carré viendra amplifier sa nature. En conséquence, on peut se sentir encore plus triste, seul ou déprimé que d'habitude, ce qui peut se traduire physiologiquement par de l'arthrite, des rhumatismes ou des douleurs dans le dos. Parfois — mais il faut que Saturne natal soit particulièrement « affligé » — une opération chirurgicale peut coïncider avec cette période si d'autres transits (de Saturne ou de Mars) interviennent.

• *Sur le plan événementiel,* période de blocage sur le plan social s'il en est, ce transit n'est généralement pas facile à vivre. Tout semble aller contre nous : les milieux administratifs sont source d'ennuis, les supérieurs hiérarchiques nous déconsidèrent, et les rapports avec la loi sont des plus problématiques. Si l'on est propriétaire d'un terrain ou d'une habitation, cette période peut coïncider avec des dépenses imprévues (chape à refaire, cloison à démolir), des travaux de rénovation coûteux, ou des mises en demeure concernant des traites impayées.

Comment le positiver

Il est préférable de ne rien exiger et de ne rien forcer durant cette période, surtout au niveau administratif et bancaire. Si l'on est à jour et que Saturne natal est bien aspecté, on peut espérer concrétiser au terme de ce carré ce que l'on a entrepris durant les mois précédents. Sur le plan spirituel, on comprend lors de ce carré que les fondations d'une maison et sa charpente ne sont pas les parties les plus visibles, mais sans elles la maison s'écroulerait à la moindre tempête.

> A partir de Saturne, les carrés de Jupiter sont beaucoup moins ressentis par l'individu, car ils concernent son rapport au collectif. En conséquence, ils doivent être pris en considération mais leur résonance sur la psyché doit être minimisée.

JUPITER CARRE A URANUS NATAL

• *Sur les plans psychologique et physiologique*, comme Uranus représente ce que nous avons en nous de plus particulier, le carré de Jupiter viendra amplifier, exagérer cette tendance de notre nature. Si Uranus natal reçoit des aspects dissonants, le non-conformisme (Uranus positif) peut se transformer en anticonformisme (Uranus négatif), ce qui peut causer des différends avec notre entourage. En effet, durant ces quelques semaines, nos principes et nos opinions sont le plus souvent utopiques, excentriques, et le plus souvent contestés.
Les pathologies possibles (selon l'ensemble du thème) vont des simples crampes aux états dépressifs.

• *Sur le plan événementiel*, des différends naissent avec notre entourage, et on ne peut guère compter sur des appuis. Nos démarches sont généralement vaines durant cette période, l'entourage ressentant fortement notre individualisme. Si l'on voyage, des imprévus surgissent : des retards, des pannes, voire des accidents sont possibles (surveiller les transits de Mars durant cette période si Uranus reçoit des aspects dissonants dans le natal).
Des extravagances et une certaine impulsivité en matière légale ou fiscale peuvent occasionner des pertes. Le fait que l'on n'observe pas toujours les lois et les règlements peut occasionner des renversements de situation pas toujours bien vécus.

Comment le positiver

Comme on est rarement seul durant cette période, il est essentiel de rester ouvert, disponible, et souple, à l'écoute des autres. Sinon, on réalise très vite que notre comportement les gêne, que nos idées leur paraissent utopiques ou excessives. Plutôt que d'imposer une idée ou une opinion, il est souhaitable de tenir compte des avis d'autrui, même s'ils nous contrarient sur le moment.
Cette période peut également coïncider avec un voyage, mais les conséquences ne sont généralement pas très heureuses, c'est pourquoi il vaut mieux éviter de trop s'investir.

JUPITER CARRE A NEPTUNE NATAL

Suivant la valeur de Neptune dans le natal, ce carré de Jupiter viendra amplifier ses tendances. Si Neptune natal représente la foi ou les espoirs du natif et qu'il est harmoniquement aspecté, ce transit peut correspondre à une

période de révélation, mais qui bousculera tout de même ses préjugés. Il y a un risque d'exagérer la fonction neptunienne, donc de poursuivre ses idéaux en oubliant la réalité quotidienne.
Sur le plan physiologique, un risque d'abuser de substances alcoolisées ou de drogues subsiste.

Comment le positiver

En évitant de s'emballer et en jouant la prudence. On peut aisément prendre des « vessies pour des lanternes » sous un tel transit, aussi est-il préférable de ne pas s'engager à la légère et d'attendre la fin du carré. D'autre part, les états excessifs comme l'exaltation et la dépression sont préjudiciables à la santé. Elles nuisent à notre métabolisme qui y réagit de manière désordonnée. Autant que possible, on doit rester centré, vigilant, et sobre.

JUPITER CARRE A PLUTON NATAL

Durant cette période, on devient plus conscient des forces parfois obscures de notre nature. Des obsessions, des phobies, des angoisses sont fréquentes sous cet aspect. Des excès relatifs à l'expression de notre nature instinctive sont possibles, notamment sur le plan sexuel mais il y faut d'autres facteurs.

Comment le positiver

Suivant la valeur de Pluton dans le natal, il est prudent de veiller à garder une certaine moralité durant ce transit. Si Pluton est en Lion, par exemple, on sera tenté d'abuser de son pouvoir, ou du sexe. Si Pluton est en Vierge, on sera tenté d'abuser de médicaments, ou de dépenser de l'argent pour... compenser. Plus que jamais, on doit apprendre la modération, la pondération, la sagesse. Car l'énergie de Pluton ne doit pas nous soumettre, ni nous dépasser, mais se maîtriser en toute conscience.

Les deux fonctions de Saturne

Si nous faisons une analogie avec son aspect physique, astronomique, nous constatons que les deux fonctions de Saturne sont bien représentées, par le corps de la planète d'une part et par ses anneaux d'autre part.
En effet, il règne à sa surface une température glaciale (-170°C) malgré sa masse imposante et dont la densité avoisine pourtant celle de l'eau (0,7). Ses célèbres anneaux, formés de blocs de glace et de poussières cosmiques variant entre un kilomètre et quelques centimètres de diamètre, en font une planète unique en son genre dans le système solaire. Bien qu'elle possède une dizaine de satellites, l'extraordinaire équilibre dont fait preuve la ceinture de ses anneaux est assez étonnant.
Froideur et équilibre ne sont-ils pas justement les attributs principaux que nous donnons en astrologie à cette planète ? Froideur, concentration, rigueur lors de ses transits ou aspects de carré ; et équilibre, réflexion, recentrage que nous apprécions à la fin de ceux-ci dès que nous avons compris sa fonction dans notre thème, dès que nous l'avons intégrée positivement dans notre psyché.
Autant Saturne sanctionne, autant il récompense.
Autant Saturne limite, autant il peut faire évoluer.
Jusqu'à la découverte d'Uranus (1781) les astrologues attribuaient à Saturne (et Mars, le dieu de la Guerre) la plupart des malheurs qui arrivaient aux êtres humains.
On la représentait à l'époque sous la figure allégorique d'un vieillard armé de sa faucille[1]. Il fallut la découverte de Pluton (1930) pour soulager un peu

[1] Le rôle de la faucille a été détourné par les imagiers du Moyen Age et c'est pour cela que Saturne a été associé à l'image de la Mort (le squelette armé de sa grande faux).
En fait, selon la mythologie grecque, la femme d'Ouranos (Rhéa) voulant se venger de ce dernier qui avait jeté ses enfants dans les mondes souterrains, lui envoya le plus jeune des Titans, Cronos, armé d'une faucille. Celui-ci surprit Ouranos dans son sommeil et le châtra.
Saturne castrateur ? On ne peut s'empêcher de penser à sa position en maison II ou VIII où il prédispose à la frigidité ou à l'impuissance.

Saturne du poids de ces lourdes responsabilités et remettre les choses à leur place. On le prit pour le maître du signe du Verseau (avec le Capricorne) comme si Saturne avait quelque chose à voir avec ce signe d'Air de la croix fixe. Sommet de la croix cardinale, le Capricorne en analogie avec la pierre, le rocher, la montagne est sans conteste le signe régi par Saturne.

Saturne a deux fonctions, ce qui nous permet de mieux comprendre la nature de ses transits. Face à la légèreté et l'enthousiasme de Jupiter, elle nous fait prendre conscience de la pesanteur et de la rudesse de notre condition terrestre. Lors d'un transit ou d'un carré de Saturne, nous avons réellement l'impression d'une chape de plomb (métal auquel elle est associée) sur nos épaules.

Nous avons également tendance à voir tout en noir — ou plutôt en gris — à dramatiser, à penser que tout est vain sur cette Terre.

Cependant imaginons un instant que Saturne ne fasse pas partie du système solaire qu'elle ne figure pas sur notre carte du Ciel. Que se passerait-il ? Quelle planète aurait pour fonction de concrétiser ce que nous aurions imaginé, inventé, fabriqué ? Quel astre aurait pour mission de freiner nos élans d'expansion, notre boulimie de bienfaits terrestres que Jupiter principalement nous octroie ? Sans Saturne, nous n'aurions point de limites à nos débordements, nous n'aurions pas la notion d'effort ; et sans limites, sans cette notion importante qu'est l'engagement personnel, rien ne serait solide, rien ne serait durable.

La vie terrestre ressemblerait à une gigantesque fourmilière se reproduisant et se détruisant sans cesse.

Sans Saturne, seul Pluton aurait pour fonction de ramener les choses à leur réalité tangible et ce serait fatalement par la destruction. Saturne ne détruit pas, il éprouve.

Par Saturne, nous avons conscience du facteur Temps, nous prenons conscience de la réalité de notre condition d'être humain, soumis aux lois de l'Univers, aux lois de l'incarnation terrestre.

Ce n'est pas un hasard si Saturne gouverne notre squelette et la plupart des os de notre corps. Cette planète s'occupe en fait de la matière la plus solide de notre corps physique, de la structure de notre squelette sans lequel nous serions restés à l'état de mollusque.

Saturne s'occupe également de la structure de notre peau afin que celle-ci résiste et nous protège des agressions de l'extérieur. Et voilà que revient l'analogie avec l'aspect physique de cette planète hors du commun : l'intérieur est aussi important que l'extérieur ; solidité du squelette, solidité de la peau.

Lorsque les anneaux de Saturne se présentent par la tranche (tous les quinze ans), ils deviennent pratiquement invisibles et semblent plus minces, toutes proportions gardées, qu'une feuille de papier. Pourtant, tout comme la mince peau qui recouvre notre corps, ce frêle équilibre est maintenu en permanence.

Saturne possède deux fonctions et nous pouvons le constater lors de ses transits ou aspects de carré : si nous ne fournissons pas d'efforts pour nous élever socialement, si nous refusons les responsabilités qui se présentent, si nous fermons les yeux sur les réalités pas toujours agréables de notre condition d'être humain, alors Saturne viendra nous « botter les fesses », nous reléguer au second plan, Saturne nous imposera une épreuve, nous imposera sa loi.
Bien évidemment, c'est le Saturne en nous, notre Saturne, l'éducateur en nous qui vient nous sanctionner. Car il s'agit d'une interaction entre Saturne dans le Ciel et celui dont l'image est restée gravée sur notre carte du Ciel telle une photographie, ce Saturne natal que nous avons à expérimenter, à faire grandir en nous.
La fonction positive de Saturne, c'est son pouvoir d'élévation. Un Saturne bien compris, bien intégré, peut nous hisser à la hauteur de nos ambitions.
« Après l'effort, le réconfort » cette maxime saturnienne par excellence nous apprend où se situe la récompense.
Et ce réconfort-là ce n'est point celui de Jupiter, ce n'est point l'aisance, l'opulence, la jouissance. C'est le réconfort qui stimule, qui augmente la confiance en soi (le mot réconfort vient du latin *confortari*, qui soutient le courage).
Stabilité, confiance en soi, satisfaction du devoir accompli constituent les fonctions positives de Saturne dès lors que nous avons accepté les leçons de sagesse et d'humilité qu'il nous inculque.
Ainsi, lors d'un carré de Saturne, il faut nous préparer à accepter — sans forcément se résigner — ce qu'il va nous apprendre. La leçon apprise, nous pourrons relever dignement la tête et ressembler pour un temps à cette planète majestueuse, l'une des plus grosses et des plus belles du système solaire.

SATURNE CARRE AU SOLEIL NATAL

Le sens généralement accordé au Soleil étant la personnalité et la vitalité, ce sont principalement sur ces plans que le carré de Saturne va jouer.
Pendant la durée du transit, la fonction rayonnante du Soleil va être amoindrie. Les ambitions personnelles vont être rétrécies, la créativité restreinte. Pour un temps on disparaîtra de la scène publique, même si l'on n'est pas un artiste. L'entourage ne cherchera pas notre compagnie, on ne nous sollicitera guère, ce sera une période de profonde solitude plus ou moins bien vécue.
Cette solitude peut être recherchée inconsciemment (l'analyse des aspects reliant Saturne et le Soleil aux autres planètes nous renseignera à ce sujet). La vitalité est amoindrie : on manque de ressort, de courage et à certaines heures de la journée, on se sent vidé, abattu. De plus le moral est à la baisse : on s'inquiète très vite, et l'avenir semble gris et triste.

« Vanité des vanités, et tout est vanité » on comprend mieux le sens de cette maxime pendant ce transit ; on perçoit alors que les joies de l'existence sont relatives à l'enthousiasme personnel que l'on déploie à ces moments-là. Mais, si l'on est réaliste avec un carré de Saturne, on n'est pas forcément lucide.

• *Sur le plan physiologique*, le carré de Saturne au Soleil affectera principalement la circulation sanguine et les fonctions du cœur. Le teint est pâle, la peau devient terne et sèche.

Les insomnies étant fréquentes sous cet aspect, il peut se former des poches sous les yeux. La vue peut également être affectée (œil droit) si une faiblesse à ce niveau existe déjà. La résistance à la maladie est amoindrie et la rate peut en subir les conséquences. Pour un enfant, ce carré peut donner des douleurs relatives à la poussée des os dans les jambes et les bras ; Saturne est tout simplement en train de le faire grandir. Sur le plan psychologique, le manque d'énergie et de volonté se traduit par un profond découragement face aux vicissitudes du quotidien. On se rend compte que l'on vieillit, que l'on n'a plus l'énergie d'antan, ce qui peut nous rendre sombre et pessimiste. On a l'impression que tout se ligue contre nous.

Les appuis sollicités ne donnent rien et la malchance semble accompagner le moindre de nos actes.

On ressent vivement durant ce carré les inégalités sociales, les « magouilles » politiques, les drames et catastrophes qui sont relatés. On a l'impression de vivre dans un monde cruel et injuste et l'on peut se sentir sensibilisé, voire culpabilisé, par la pauvreté et la misère.

Mais il est évident que l'on a aussi tendance à dramatiser et à manquer d'objectivité sous cet aspect. D'ailleurs, il est fréquent que l'on prenne plaisir à se plaindre, à protester, à se révolter.

• *Sur le plan spirituel et karmique*, le carré de Saturne au Soleil natal amène une prise de conscience du temps qui s'écoule et de sa relativité. On se sent mûrir, grandir, évoluer, mais en même temps on a conscience que cela ne se fera pas sans mal. Effectivement, Saturne demande à notre Soleil des efforts personnels. Il demande que nous affirmions notre personnalité et que nous prenions nos responsabilités quant à notre réalisation propre. On ne peut plus se contenter de situations subalternes, médiocres ou de compromis. Saturne est un juge à l'intérieur de notre esprit qui exige respect et dignité.

Saturne est notre éducateur.

A ce propos, il semble important de remettre Saturne à sa place réelle dans les attributions que certains astrologues lui octroient. S'il représente le père dans certains thèmes, c'est uniquement parce que l'éducation a été faite par le père principalement. Rendons donc à César (au Soleil) ce qui lui appartient. Les aspects à Saturne et sa position en maison nous renseignent essentiellement sur l'éducation reçue.

Quoi qu'il en soit, le père et l'éducation étant concernés par ce carré, il est possible que des ennuis affectant le père deviennent préoccupants. Ou bien on devra accepter ses conseils ou s'en passer mais on devra honorer ses devoirs et responsabilités.
Si le Soleil dans le thème natal est carré à Saturne, il s'agit soit de son opposition à lui-même, soit de son retour au même degré du zodiaque. Dans le premier cas, la révolte contre l'éducation reçue ou le père est évidente.
C'est généralement vers l'âge de quatorze ou quinze ans que l'on s'émancipe, âge de la demi-révolution saturnienne.
Dans le second, le carré natal qui se répète peut signifier une épreuve vécue physiquement ou psychologiquement selon le thème. Dans tous les cas, ce n'est pas une période rose, la vitalité du natif étant affaiblie et le moral en baisse. Si le Soleil est carré aux Nœuds lunaires, Saturne passant sur l'un des Nœuds obligera le natif à s'élever, à s'exprimer, à se réaliser par lui-même.
Transitant le Nœud sud, Saturne reproduira un « vieux » schéma karmique en vue de mettre à l'épreuve le Soleil.
Transitant le Nœud nord, cette épreuve n'est pas impérative, mais elle lui montre la voie de son devenir en mettant l'accent sur ses propres responsabilités.

Comment le positiver ?

On peut s'y préparer psychologiquement. Deux mois environ avant la date du carré exact, on commence à sentir que la situation se bloque : fatigue générale, retards dans les projets, entraves dans les démarches personnelles et manque d'opportunités à saisir.
Quelque part nous sentons que nous sommes sur la mauvaise voie ou bien que les circonstances ne se prêtent pas, ou plus, à ce que nous avions prévu.
La plus sage des attitudes est alors de se tenir à l'écart socialement parlant tout en travaillant dans son coin avec acharnement.
Il faut s'investir dans l'action, car Saturne nous demande de fournir des efforts.
En revanche, il est préférable de ne rien entreprendre de nouveau pendant ce carré et de ne pas chercher à se mettre en valeur, surtout si l'on a une image publique.
Les créateurs, les artistes, les porte-parole et autres représentants doivent profiter de cette période pour réfléchir sur leur rayonnement personnel. Solitude et concentration forceront l'ego à oublier sa fatuité ou son orgueil. En prenant ainsi du recul, ils se feront une vue d'ensemble de la situation et du rôle véritable qu'ils ont à jouer.
Si le carré exact, lequel dure à peu près une semaine, fait douter énormément de soi et de ses capacités, il déclenche en nous une force subtile dont on ne se

rend pas forcément compte : cette force peut être apparentée à l'instinct de conservation. Quelque chose nous souffle que l'on doit prendre son destin en main, que l'on doit réagir. Inconsciemment, on prend des décisions concrètes concernant sa santé ou son travail : on se limite à ce que l'on sait faire, on élimine ce qui est superflu ou ce qui relève des habitudes prises.

Quelques semaines après le carré exact (2° environ) l'énergie commence à revenir, le doute s'estompe et la santé s'améliore lentement. Les « claques » infligées par Saturne à notre ego se révèlent alors prodigieusement efficaces : la voie à suivre apparaît plus nette, nous devenons plus sociables et notre pouvoir de créativité s'exprime dans de nouveaux registres.

Le leçon est toujours donnée par Saturne, car il est l'éducateur à l'intérieur de nous. Si notre ego refuse de se plier à ses conseils, c'est le corps qui réagira et plus spécialement le squelette. Il peut en résulter des fractures ou plus simplement des maux de dos pénibles.

En conséquence, il vaut mieux accepter de grandir...

Ce que nous apprend Saturne par le carré à notre Soleil, c'est la patience. Les difficultés font partie de la vie. Si nous les évitons, nous retardons les échéances. Si nous les prenons de front, nous ne voyons que les faux problèmes. C'est avec humilité et sérénité qu'il faut s'élever au-dessus d'elles. Oubliez ce que pensent les autres de vous ou ce que l'on attend de vous et cherchez au plus profond de vous-même ce dont vous êtes réellement capable.

La fonction rayonnante de l'être n'est pas l'ego. C'est le pouvoir de création. C'est par lui que nous nous distinguons des autres. Dites-vous bien que l'on juge une personne par ses actes. Aussi, ne perdez pas de vue vos objectifs et tracez-vous une ligne droite imaginaire que vous ne quitterez pas des yeux.

Vous serez surpris de constater à la fin du carré (deux ou trois mois après le dernier carré exact) que cette ligne de conduite vous amène en pleine lumière, celle de votre Soleil que vous croyiez éteint, et vous retrouverez la confiance en vous-même.

SATURNE CARRE A LA LUNE NATALE

De toutes les planètes du thème natal, la Lune est celle qui se soumet le moins au carré de Saturne.

Probablement parce qu'elle représente le mouvant, l'informel en nous et que celui-ci a du mal à se structurer, à se cristalliser. Par cet aspect, Saturne demande à la Lune de se calmer, d'apprendre à canaliser son émotivité. Si celle-ci se trouve dans un signe de Feu dans le natal, les états passionnels et les ardeurs seront momentanément refroidis par la présence de Saturne. Avec la Lune dans un signe de Terre, le maître du Capricorne la forcera à se détacher

de son adhérence à la matière ou la mettra en face de responsabilités plus ou moins lourdes à assumer pendant la durée du carré.
Si dans le natal, elle se trouve dans un signe d'Air, l'être se sentira comme un oiseau en cage, l'atmosphère semblera lourde et l'humeur soumise à de fréquents accès de pessimisme.
Avec la Lune dans un signe d'Eau, et plus particulièrement en Cancer, ce sera la douche glacée pendant la durée du carré !
Toutes les émotions seront comme figées, pétrifiées par la présence de Saturne. Froideur, retenue, distance seront les états que traversera l'être, et la sensibilité déjà présente dans cet élément deviendra encore plus forte, proche de la sensiblerie.

• *Sur le plan psychologique et physiologique*, le carré de Saturne à la Lune se manifeste de diverses manières.
Dès l'approche du carré (2 ou 3° avant l'aspect exact) on ressent comme une sorte de langueur, de découragement. On devient peu à peu inquiet, pessimiste. La vie quotidienne nous paraît triste et sans grand intérêt. La moindre contrariété blesse plus que d'habitude. Si des événements heureux se produisent dans l'entourage, nous trouvons que les gens en font trop, qu'ils se forcent, que tout cela est absolument normal et vain. On peut se sentir exclu, ignoré, délaissé voire abandonné.
Celui qui accuse un tel carré devient très sensible aux variations de température, et plus particulièrement au froid et à l'humidité. De ce fait il tend à se recroqueviller, à s'isoler, ce qui affecte pour certains les fonctions digestives : lourdeurs à l'estomac, digestion lente, crampes, etc.; pour les femmes, les menstruations peuvent être plus douloureuses qu'à l'accoutumée ou retardées. Au moment du carré exact, on peut accuser une réelle dépression (surtout au passage en rétrogradation), variable selon les individus et la qualité de leur Lune, bien entendu. Cependant, dans tous les cas, on n'est guère enclin à faire la fête, à rire ni même à discuter tranquillement comme d'habitude. Brusquement sujet aux refroidissements, il est fréquent que des rhumes apparaissent. La vue peut également être affectée (œil gauche).

• *Sur le plan événementiel*, la Lune représentant la mère et quelquefois la progéniture, des ennuis les concernant peuvent affecter le moral. Alors que l'on devrait être à leur écoute, s'occuper d'eux, répondre à leurs sollicitations, on ne supporte guère leur présence ou bien l'on adopte une attitude sévère à leur égard. Pourtant ce que demande Saturne, justement, est d'assumer ses responsabilités familiales, prendre sur soi (sur son humeur) pour régler les problèmes qui se présentent. Or, nous nous trouvons dans un tel état d'anxiété que l'ambiance quotidienne s'en ressent. Le décor dans lequel nous évoluons semble triste, déprimant et l'envie de le fuir, de déménager devient comme un leitmotiv, une pensée obsédante.

Pourtant il vaut mieux attendre pour ce faire, le lieu de vie idéal ne se présentant guère sous un tel aspect. Tout au plus peut-on prendre quelque chose de provisoire ou se faire héberger pendant un temps.
Dans le cas d'un artiste ou d'un homme public, il est fréquent de constater une baisse de popularité.
En conséquence, mieux vaut attendre la fin du carré exact (deux à trois mois après le dernier passage) pour se montrer en public ou reprendre contact avec sa clientèle. Néanmoins l'inaction n'est pas conseillée sous cet aspect et nous verrons en fin de chapitre qu'il est possible de la positiver.

• *Sur le plan spirituel et karmique*, ce carré est destiné à nous faire grandir.
Notre Lune, avec son bagage émotionnel et indiscipliné, préfère ignorer la réalité et n'en faire qu'à sa tête, comme un enfant. Saturne joue ici le rôle du père fouettard, par sa sévérité, sa cruelle froideur et son profond réalisme. Et pourtant « Qui aime bien, châtie bien », proverbe saturnien par excellence, nous prouve que c'est pour notre bien.
Afin que la Lune cesse de se comporter en éternel enfant, afin qu'elle mûrisse et que l'émotionnel en nous soit mieux maîtrisé, mieux canalisé.
Et combien nous constatons, après le passage de Saturne, à quel point nous étions rêveurs, crédules ou irresponsables. Saturne nous force ici à adopter une discipline de vie, à effectuer des choix affectifs importants, bref à prendre nos responsabilités. Il nous oblige à structurer notre vie quotidienne, à donner corps à nos rêves, à cristalliser nos émotions au lieu d'en faire, comme avant le carré, un puits informe de sensiblerie.
Le résultat de ces efforts sur nous-mêmes, nous pourrons le constater après le dernier carré exact et, plus tard, au sextile ou trigone suivant : la Lune aura mûri, l'enfant aura grandi.

Comment le positiver ?

Saturne représentant les lois sociales et notre rôle au sein de la société, il est important de régler pendant cette période tout ce que nous avons laissé traîner : papiers administratifs, factures, écrits relatifs au travail ou à l'entourage familial, etc.
Il est nécessaire de remettre en question notre comportement vis-à-vis de nos supérieurs ou de notre cellule familiale.
A-t-on été trop laxiste ou sévère par refus des responsabilités ? Dans ce cas, il ne faudra pas hésiter à dialoguer sans dramatiser ni survoler les problèmes afin d'arriver à des solutions concrètes, même provisoirement.
Les rêves utopiques ou trop idéalistes doivent être mis provisoirement de côté afin d'accorder la priorité aux idées que l'on peut mettre en pratique sur-le-champ.

Les périodes de solitude peuvent être bénéfiques si elles sont consacrées à l'étude, à la réflexion sur soi-même, à l'acquisition de nouvelles connaissances.
Enfin, une discipline saine concernant la nutrition est à adopter. Il faut éviter les excès de sucre et de graisse, et se nourrir de légumes frais et de fruits mangés lentement et dans une atmosphère relativement calme.
La concentration et la méditation (on peut aussi méditer dans son lit au réveil ou dans sa baignoire) amèneront sérénité et confiance en soi.
Si des éléments du passé resurgissent, il faut tenter de les analyser sereinement et éviter de pleurer sur son sort.

SATURNE CARRE A MERCURE NATAL

Le sens généralement accordé à Mercure étant l'intellect, le raisonnement, ainsi que le sens des affaires et de la communication, c'est dans ces domaines que la fonction saturnienne opérera en leur imposant rigueur et discipline. En effet, la planète la plus rapide dans sa course autour du Soleil est assez indisciplinée dans la psyché humaine.
Les idées vont et viennent dans le cerveau au rythme de la vie quotidienne, et il est rare que nous adoptions une ligne de conduite suivie dans nos affaires personnelles.
Les informations que reçoit notre cerveau ont à peine le temps d'être analysées que nous formulons aussitôt une réponse appropriée, le rythme effréné de cette fin de siècle ne nous offrant guère le temps de réfléchir.
C'est précisément ce que nous demande Saturne par ce carré : analyse des tenants et des aboutissants, réflexion, concrétisation des idées et de leurs applications.
Le plus souvent, cet aspect s'avère déstabilisant pour les affaires courantes. C'est pour cela qu'il est préférable de ne rien entreprendre de nouveau durant cette période, d'éviter de faire des choix définitifs ainsi que les démarches audacieuses ou comprenant des risques.
En revanche, il est conseillé — si possible avant le carré exact — de terminer les affaires en cours et de régler les factures en retard, en faisant attention toutefois de bien les acheminer

• *Sur le plan psychologique et physiologique*, les effets du carré varient d'une personne à l'autre, selon la qualité du Mercure natal et l'évolution intellectuelle du natif.
Néanmoins la pratique met en relief les affections des voies respiratoires, particulièrement pour les natifs ayant Mercure en Gémeaux ou en Poissons et surtout si des aspects dissonants sont signifiés dans la carte du Ciel.
Dans tous les cas, une fatigue cérébrale rend tout effort intellectuel pénible. Il peut s'agir parfois d'une légère dépression dont le temps fort se situe juste

après le transit exact en rétrogradation. Les pensées deviennent pessimistes et l'on se sent de moins en moins capable de réagir aux événements.

• *Sur le plan événementiel*, ce carré de Saturne incline à la maladresse, dans les paroles comme dans les actes : on devient hypercritique ou cynique, et les discussions avec les amis, les frères et les sœurs nous semblent stériles et vaines. On laisse tomber les objets ou l'on se cogne aux bras, aux mains et aux poignets. On a l'impression que tout se fige, se bloque autour de soi. Par manque de réflexes ou d'organisation, on rate les opportunités qui se présentent et, au niveau du quotidien, on rate le bus, le métro, les rendez-vous.
Les contacts avec autrui apportent souvent des désagréments. Les voyages, même courts, sont faits d'obstacles agaçants et de malentendus avec les organisateurs.
Mercure étant lié à la correspondance et à la communication, ce domaine est particulièrement touché : lettres retardées ou ne parvenant pas à leurs destinataires, impossibilité de joindre un correspondant pendant plusieurs jours, courrier renvoyé pour manque d'informations, etc.
Ce n'est guère le moment pour solliciter une faveur, surtout venant de personnes âgées ou haut placées : elles feront la sourde oreille ou resteront indifférentes à nos appels.
De ce fait, on devient très susceptible, se sentant critiqué, jugé ou exclu. De plus, on éprouve beaucoup de peine à se défendre, par manque d'à-propos ou par « je-m'en-foutisme ».
Pendant toute la durée du transit, et plus particulièrement lorsqu'il est exact, nous rencontrons des personnes que l'on ne voulait absolument pas voir ou bien nous tombons sur des « gêneurs ».
Les signes d'Air, en particulier les Gémeaux et le Verseau manquent d'organisation, laissent tout traîner. Pour les métiers du commerce, cette période peut indiquer des ennuis de comptabilité, des erreurs de facturation ou des marchandises qui tardent à arriver. Le goût du travail s'en trouve diminué.
Enfin, les démarches officielles, administratives ou politiques ne sont guère favorisées. Il est préférable de les ajourner, voire les abandonner pour un temps afin de rectifier le tir.

• *Sur le plan spirituel et karmique*, cet aspect peut révéler une faiblesse à corriger au niveau de l'intellect. Saturne demande à Mercure un peu plus de sérieux et de réflexion. Il le force à accepter le facteur temps et l'oblige à plus de concentration.
Si le natif a tendance à faire fonctionner son Mercure sur le mode passif, Saturne le mettra à l'épreuve en lui créant toutes sortes d'embarras afin qu'il comprenne le rôle qu'il doit jouer sur le plan social. Ainsi, le rapport avec les frères et les sœurs nécessite peut-être d'être modifié car obsolète. On peut se sentir responsable vis-à-vis de l'un d'eux ou engagé dans une collaboration

qui demande des responsabilités de notre part. Pourtant refuser de les assumer ne résoudrait rien. Essayer coûte que coûte de trouver une solution, un compromis, paraît être la meilleure démarche. Dans tous les cas, il ne faut pas refuser le dialogue, sinon les ennuis fuseraient de part et d'autre.
Si Saturne est rétrograde dans le thème natal, ce carré est important pour l'évolution du karma. On doit l'accepter et le transcender, les problèmes qu'il pose n'étant pas nouveaux. Des responsabilités vis-à-vis des frères et sœurs ou amis proches ont pu être refusées ou mal assumées. Si Saturne est conjoint au Nœud sud, c'est un peu la dernière chance qui est offerte de payer ses « dettes ».
Conjoint au Nœud nord, il est possible qu'une expérience similaire se reproduise dans une vie future ou plus tard dans cette vie (surveiller la prochaine conjonction à Mercure).
En conséquence, plus vite sera réglé le problème, moins il alourdira le karma. Il est nécessaire de bien le vivre si nous voulons hériter d'un Saturne plus valorisé « ultérieurement ».

Comment le positiver ?

On peut entamer un stage de perfectionnement ou revoir certaines bases de l'enseignement relatif à sa profession.
Même si l'effort intellectuel est pénible, au bout du compte (à la fin du carré) Saturne aura concrétisé de lui-même les nouvelles données. Aide ton Mercure et Saturne t'aidera ! C'est en prenant sur soi, en étant attentif et sérieux pendant le carré que l'intellect se forgera, lentement mais sûrement, durablement.
A la fin du carré (deux mois environ après le dernier transit exact), nous constaterons les réels progrès que nous avons fait. Ce qui nous semblait si ardu à comprendre deviendra clair comme de l'eau de roche. On doit être également ouvert (même à contre-cœur) aux conseils des anciens et accepter de réviser certains concepts intellectuels qui nous semblaient inattaquables.
C'est une période qui peut nous confronter à des concepts philosophiques dérangeant notre vision des choses. Il s'agit peut-être d'un appel à intégrer ces concepts afin de les dépasser une fois le carré exact éloigné.

SATURNE CARRE A VENUS NATALE

Généralement, cet aspect constitue une épreuve sur le plan sentimental. Cependant, à la pratique, il s'avère que les valeurs personnelles de l'individu sont également touchées. Ces valeurs peuvent être aussi bien philosophiques que pécunières. Ainsi, pendant la durée de ce carré, on peut accuser une baisse d'intérêt de la part de son partenaire en même temps que celui venant de ses créanciers. Tout dépend bien entendu du sérieux avec lequel on aura géré ses biens. Quoi qu'il en soit, cette période peut être assez restrictive sur ces deux plans. Saturne, cependant, n'occasionne pas de rupture comme Uranus ou Pluton peuvent le faire. Il freine et limite le plan sentimental tout comme il ne permet guère l'expansion sur le plan monétaire. Les valeurs que l'on a développées, et que l'on peut resituer dans le thème à l'aide des aspects que reçoit Vénus, sont momentanément mises en veilleuse soit parce que l'on manque de temps, soit parce qu'elles ne semblent plus aussi solides qu'avant.

En l'occurrence, il convient de mettre un peu plus de sérieux dans ses sentiments comme dans la gestion de son budget. Ou encore devra-t-on réviser certaines valeurs personnelles que l'on croyait inébranlables.

Saturne va les éprouver durant le transit afin que l'on juge par soi-même si elles sont encore recevables sur le plan social.

• *Sur le plan psychologique et physiologique*, le carré de Saturne à Vénus natale se manifeste par une certaine langueur proche de la neurasthénie, ce qui occasionne des troubles psychosomatiques : mauvaise circulation du sang, maux de gorge, manque d'appétit, insuffisance hormonale et ovarienne pour les femmes.

Saturne, qui gouverne le squelette, est également en rapport avec la structure de la peau.

Si avec Jupiter on prend des couleurs, avec Saturne le teint devient grisâtre et la peau légèrement fripée. La chevelure perd tout éclat, du fait du mauvais fonctionnement des glandes capillaires.

Certaines femmes peuvent traverser une période de frigidité, ne se sentant plus aussi désirables et certains hommes peuvent devenir misogynes, voyant l'autre sexe s'éloigner d'eux.

Et pour cause : une tendance à se laisser aller, à ne plus se mettre en valeur résulte de cet aspect. Le charme personnel en est diminué et, de ce fait, on se sent de moins en moins aimé, de moins en moins désiré. On devient alors amer et soupçonneux, ce qui altère quelque peu les relations amoureuses.

• *Sur le plan événementiel*, nous l'avons vu en début de chapitre, ce carré est restrictif. Il coïncide généralement avec une crise que l'on sentait venir. Le partenaire craque et nous met au pied du mur. Il ne supporte plus notre froideur et notre esprit chagrin.

Il nous trouve rabat-joie, morose, défaitiste, voire franchement désagréable. En fait, c'est deux mois avant le carré exact environ que l'on commence à devenir pessimiste.

On manque de chaleur humaine, on parle avec un ton las et grave. On se surprend à critiquer tout et n'importe quoi. En fait, nous perdons le goût des choses de la vie et l'amour a plutôt l'air d'une sinistre farce. Nous avons l'impression que le partenaire joue à un jeu, qu'il se moque éperdument de nous. Ce qui est subjectif le plus souvent, mais on ne le réalise qu'après le premier carré exact.

En demandant plus de sociabilité, notre partenaire déclenche la crise que nous redoutions : on se sent alors jugé comme l'on a jugé inconsciemment et cette requête légitime du partenaire fait l'effet d'un miroir.

Les semaines qui suivent le carré exact peuvent être déprimantes si l'être n'a pas réalisé qu'il lui faut mettre un peu d'eau dans son vin. Le partenaire trouvera n'importe quel prétexte pour s'éloigner et les visites d'amis se feront de plus en plus rares. La période de rétrogradation s'avère la plus pénible à vivre : quelques déboires financiers peuvent survenir durant cette période, résultant du manque de sérieux et d'efficacité dont nous aurons fait preuve avant le carré ; factures en retard, retour de courrier administratif, impôts non réglés, découvert important à la banque, etc. Saturne alors prendra l'aspect d'un homme de loi venant se plaindre (de son propriétaire, de son voisin âgé...).

Si d'autres transits s'en mêlent, on peut s'attendre à de mauvaises nouvelles concernant un parent malade et si l'on possède des valeurs immobilières, ce carré peut occasionner des pertes inattendues ou des retards dans les crédits. L'achat d'une maison, ou d'un terrain, peut également être retardé ou remis en question.

• *Sur le plan spirituel et karmique*, Saturne par son carré à Vénus impose à celle-ci de calmer les élans de son cœur.

Pas question sous ce transit d'être généreux à l'excès (c'est le domaine de Jupiter). Pas question non plus de réclamer la générosité d'autrui, car il y a un temps pour tout. Saturne demande à Vénus de la profondeur dans les sentiments, du sérieux dans les relations amoureuses. Il lui demande aussi de prendre son temps pour s'attacher, pour bâtir quelque chose de durable.

C'est pourquoi il est inutile de trop solliciter l'être aimé, ce dernier le ressentant comme un ultimatum. Le cœur doit apprendre à s'endurcir, à accepter de perdre un peu de sa chaleur, il doit apprendre la patience.

Si dans le natal Saturne est rétrograde, il est intéressant d'analyser ses transits passés afin de déceler ses principales faiblesses. Celles-ci seront amplifiées durant le carré à Vénus et le moment sera propice pour tenter d'y remédier.

Si c'est le cas de Vénus dans le natal, le fait qu'elle reçoive un carré de Saturne est à resituer dans la vie sentimentale comme une échéance karmique. Saturne accentuera la distance face aux sentiments de la Vénus rétrograde et de ce fait la soumettra à son propre miroir, son propre jugement. La situation se révélant insoutenable, Vénus deviendra plus sociable et plus réceptive, surtout après le dernier carré exact.

Il est intéressant sur le plan karmique de vérifier si Vénus, rétrograde ou non, est en aspect aux Nœuds lunaires dans le natal.
Conjointe au Nœud sud, le carré de Saturne lui fera revivre une situation antérieure et, si l'être l'accepte, il pourra régler une dette affective importante.
Conjointe au Nœud nord, ce carré bien intégré peut l'amener à reconsidérer sa façon d'aimer et le carré de Saturne l'amènera sur une voie plus sereine sentimentalement.
Carré aux Nœuds lunaires dans le natal, Saturne par sa conjonction à l'un des Nœuds peut être intransigeant, mais toujours évolutif si l'individu ne bloque pas sa fonction. En arrivant sur le Nœud sud au carré de Vénus, une épreuve affective liée aux vies antérieures est possible. Transitant le Nœud nord au carré de Vénus, cette épreuve bien intégrée annulera les prochains carrés à Vénus ou, tout au moins, les rendra moins sévères par la suite.

Comment le positiver ?

En acceptant de mûrir sur le plan sentimental, nous pouvons faire évoluer la relation à l'autre. Si celui-ci ne correspond pas du tout à ce que nous en attendions, Saturne sera positif puisqu'il nous rendra extrêmement lucide à son égard. Si le carré passé, la relation dure et s'améliore, c'est que celle-ci était valable, mais nous avions besoin d'une épreuve pour en être sûr.
Cette échéance du cœur, si elle est comprise, peut réellement consolider nos rapports à l'autre et ce, durablement. Saturne en nous n'admet pas la facilité, les faux-semblants, les rapports superficiels.
C'est par ce transit que nous saurons si le lien est solide ou pas.
Au niveau des valeurs personnelles également, le transit en carré nous malmène tellement que nous apprenons à mieux les gérer. Un bon moyen de positiver ce carré est d'accepter de traverser une période de solitude et de s'organiser pour bien la vivre : musique harmonieuse écoutée à bas volume, bibliothèque garnie en ouvrages traitant de sciences humaines, etc.
Plus on en apprendra sur soi-même et les rapports affectifs avec les autres, plus on transmuera l'énergie vénusienne.

SATURNE CARRE A MARS NATAL

Le sens analogique généralement attribué à la planète Mars est l'action. Son diagramme explicite bien cette volonté d'agir (♂). En sortant du cercle, la flèche symbolise le désir aussi bien que les initiatives personnelles.
Action, initiative et désir sont donc les domaines qui vont être freinés, contrariés par le carré de Saturne.
Le froid saturnien rencontre ici le feu martien. Nous pouvons dès lors imagi-

ner la confrontation de ces deux énergies. L'image du forgeron trempant l'acier incandescent dans l'eau pour le refroidir vient facilement à l'esprit. Ce carré, le plus soudain et quelquefois le plus brutal des aspects de Saturne, est très conflictuel.
Afin d'en mesurer le réel impact, il importe d'analyser ce que représente Mars dans son thème et comment il a déjà réagi à l'opposition précédente ou au carré précédent (environ sept ans ou quinze ans auparavant).
Mars lui-même dans le Ciel aux moments des carrés est à surveiller afin de prévenir de possibles chutes, accidents, rixes, lesquels peuvent être évités, sinon minimisés, dès lors que l'on est averti des échéances. La première des attitudes à adopter étant de conserver le plus possible son calme et de ne pas dramatiser.

• *Sur le plan psychologique et physiologique*, le carré de Saturne à Mars natal est l'un des plus éprouvants. On se sent bloqué dans ses initiatives, prisonnier des activités dont on voudrait bien se défaire. En réalisant que ce n'est pas le moment, on a l'impression que tout se ligue contre soi et que c'est finalement impossible. Malgré l'envie de tout plaquer, on ressent comme une sorte de fatalité.
L'ardeur au labeur s'amoindrit de jour en jour et la moindre tâche demandant un effort physique semble insurmontable.
De ce fait, la tête ne suivant pas, le corps étant le seul à forcer, les risques de fractures ou de claquages musculaires sont plus élevés.
L'individu passe de la déprime à la colère en très peu de temps, ce qui le rend peu agréable à vivre. Son entourage semble ne pas comprendre son état intérieur et se demande quelle mouche l'a piqué. Si l'on exerce un métier manuel, il est préférable de s'abstenir de tout maniement risqué d'outils pesants et d'objets contondants en fer. Les répercussions sur la santé d'un tel aspect sont divers : risque d'artériosclérose, de rhumatisme musculaire, baisse de la tension artérielle ainsi qu'un manque d'ardeur sur le plan sexuel.
Il faut bien sûr que le secteur santé soit mis en cause pendant le transit. Ce qui est certain, c'est que l'on ne se sent pas en forme et que l'on perd courage devant les difficultés qui surgissent.

• *Sur le plan événementiel*, c'est le domaine de la profession qui sera mis en cause. Dans le cadre des activités que l'on exerce, on va se sentir à l'étroit ou pas à sa place.
Si l'on a devancé le transit en carré quelques mois auparavant en obtenant de nouvelles responsabilités, on peut se sentir débordé ou pas tout à fait à la hauteur.
Il est également possible que la période du transit corresponde à un changement radical d'activité. Dans ce cas, le carré de Saturne révélera le « ras-le-bol » de l'ancienne activité et les difficultés d'adaptation à la nouvelle pério-

de peuvent être assez pénibles car nous risquons de surévaluer nos capacités ou de nous surcharger de travail. Cependant, il est important de réaliser que cette baisse d'énergie est momentanée. 1 ou 2° après le carré exact (quelques semaines), on reprend du poil de la bête et le moral revient.
Pour une femme, c'est une période où les responsabilités se multiplient et où la sexualité est quasiment absente, sinon freinée, du fait que le désir est relégué au second plan.
Pour un homme, il sent qu'il doit se prouver qu'il est à la hauteur de la situation, se prouver qu'il est un homme.
Pour les deux, il est difficile de prendre des initiatives concrètes, ce qui peut les inhiber dans leurs relations à autrui.

• *Sur le plan spirituel et karmique*, cet aspect difficile est l'un de ceux qui contribuent le plus à l'élévation sociale.
Bien contrôlé et assimilé, il permet de trouver sa véritable place dans la société et surtout de satisfaire sa dignité. Si Saturne freine d'abord Mars, c'est pour le faire monter d'un cran après avoir éprouvé sa résistance.
Chacun doit apporter sa contribution à la société humaine, même à un modeste niveau, du moment qu'il ne se situe pas en deçà de ses réelles possibilités ; et Saturne en nous veille à cela.
En calmant nos accès de révolte, nos colères stériles, notre ressentiment intérieur dus à l'intensité de ce carré, nous forgeons notre caractère et ce, pour du long terme. Saturne est reconnaissant envers ceux qui se donnent de la peine. Après l'effort, le réconfort...
Si Mars est rétrograde dans le thème natal, il est d'autant plus urgent de régler ce conflit avec Saturne.
Nous avons pu, dans de récentes incarnations, être un farouche guerrier ou une personne très agressive, sans foi ni loi.
C'est avec l'autorité et les lois sociales que se fera la confrontation.
S'il est carré aux Nœuds lunaires, nous n'avons pas le droit de nous reposer sur nos lauriers dans cette vie. Agir devient vital.
L'analyse de Mars natal nous renseignera sur le type d'action qui nous convient le mieux.
Conjoint au Nœud nord, le carré de Saturne nous fera évoluer soudainement, mais il ne faudra refuser aucune tâche, aucune responsabilité, quitte à sélectionner après.

Comment le positiver ?

Tout d'abord en essayant de garder le contrôle de ses actes. Cela est primordial, la tension entre deux énergies étant très forte, même avec un Mars en exil ou en chute.

Il faut également accepter les conseils et les défis que donnent et lancent les personnes plus âgées. Ces dernières sentent inconsciemment nos réels potentiels d'action et sont en fait de précieux conseils.
Il est possibie cependant qu'après le carré, cette relation ne serve plus à grand-chose, mais cela n'est pas important, le premier pas sera fait. On peut sentir la nécessité de canaliser son énergie dans la pratique d'un sport (arts martiaux ou gymnastique).
Les premières leçons seront rudes, mais la persévérance sera gratifiante. C'est lors d'un carré de Saturne à Mars natal que nous pouvons prendre de grandes décisions quant à notre discipline intérieure. On peut, sous cet aspect, s'arrêter de fumer par exemple ou s'initier à la pratique du zen, du yoga.
Pour un Mars natal en Bélier ou maître de ce signe, Saturne calmera sa tendance aux initiatives irraisonnées, ses comportements impulsifs. Quoi qu'il en soit, la meilleure façon de positiver ce carré est d'être actif, de s'investir dans le travail ou encore de canaliser cette tension à l'aide d'une discipline comme le Taï Chi Chuan qui apprend à céder devant une force plus grande pour la neutraliser (sens initiatique de ce carré).

SATURNE CARRE A JUPITER NATAL

Le rapport conflictuel qui s'installe en astrologie mondiale lors d'un carré entre les deux géantes du système solaire nous renseigne en partie sur la signification de ce carré sur le plan individuel. Généralement, cet aspect entraîne de sérieuses fluctuations dans l'économie de tous les pays : chutes boursières, montée du chômage, procès retentissants et réformes monétaires draconiennes en sont les conséquences les plus remarquables.
Jupiter étant un principe d'expansion et Saturne un principe de contraction, nous pouvons imaginer la tension qui se crée alors au niveau individuel. Lorsque Saturne dans le Ciel arrive au carré de notre Jupiter natal, il faut donc s'attendre à une période de restrictions. Saturne freine l'expansion personnelle tout comme il refroidit notre enthousiasme naturel. Il nous oblige à recentrer certains objectifs, à mettre un peu plus de sérieux et d'ordre dans nos démarches personnelles.
Nous avons tendance à faire du principe jupitérien quelque chose de très personnel, alors que Saturne appartient au domaine social, qu'il nous oblige à tenir compte de notre rapport avec la société. C'est d'un conflit entre ces deux pôles dont il est ici question et il est essentiel d'en saisir l'essence afin de le resituer par rapport au thème.

• *Sur le plan psychologique*, le carré de Saturne agit comme une douche froide sur la psyché. Si l'on possède une nature optimiste, c'est lors du

deuxième passage en rétrogradation que seront ressentis les effets : l'enthousiasme disparaît et de sourdes inquiétudes viennent affaiblir le moral. On devient pessimiste, sectaire, sévère envers soi comme envers les autres, voire réactionnaire.
On peut soudainement devenir avare et égoïste, sentant qu'une période de vaches maigres s'installe. On limite les frais, on compte ses sous et l'on peut devenir méfiant envers ceux dont on partage l'existence, les soupçonnant de contribuer à nos déboires financiers. De ce fait, face à l'attitude sévère et rabat-joie que l'on affiche, l'entourage a tendance à s'éloigner quelque peu.

• *Sur le plan physiologique*, ce carré peut entraîner une insuffisance hépathique ou des crises d'arthrite. Le foie et le pancréas peuvent être également touchés, et il sera nécessaire de veiller à l'alimentation qui risque d'être restrictive ou mal appropriée.
Une discipline saine ne veut pas dire obligatoirement régime draconien.
L'achat de légumes frais et de fruits n'entamera en rien le budget et contribuera à maintenir le corps en bonne santé. Globalement, il faut éviter de passer du repas pantagruélique au sandwich jambon-beurre d'un jour à l'autre.

• *Sur le plan événementiel*, le premier passage en carré n'est pas forcément ressenti par l'individu. Tout au plus peut-on constater un ralentissement de la fonction jupitérienne. Certaines opportunités nous échappent ainsi et la chance pure se fait de plus en plus rare. En revanche, le passage en rétrogradation nous fait prendre conscience que rien ne joue en notre faveur.
Toute expansion matérielle est retardée ou bloquée, les revenus diminuent et les crédits sont généralement refusés. On ne peut agir contre la loi et l'administration, car les amendes et les contraventions pleuvent. Les procès et jugements survenant pendant cette période jouent en notre défaveur.
Les milieux officiels et juridiques mettent des bâtons dans les roues. Au niveau social, nous pouvons voir notre place convoitée et risquons de la perdre. Il faut lutter et nous n'avons ni le courage ni la conviction, ni même les moyens de le faire. On se trouve en butte aux esprits arriérés, puritains et hypocrites visant à nous déstabiliser. Toute tentative d'améliorer son confort matériel et ses revenus se trouve jugulée, ce qui n'arrange rien au niveau financier : chèques impayés menant à l'interdiction bancaire, refus de crédits ou de chéquier, voire ponction sur le salaire sont les risques qu'il ne faut pas négliger sous un tel aspect.
Cependant si la fonction saturnienne a été bien intégrée les mois précédents le premier transit en carré ou pendant la rétrogradation, on peut espérer s'en sortir honorablement et sans trop de dommages.

• *Sur le plan spirituel et karmique*, Saturne demande à Jupiter une limitation de son pouvoir d'expansion. En effet, Jupiter en nous ne connaît pas

de limites. Tant que nous pouvons tirer sur la corde, nous le faisons. L'être humain a comme particularité de croire que tout lui est dû.
Inconsciemment, il trouve normal que la chance lui sourie, que les aides affluent et que des facilités lui soient accordées. Ce dont il n'est guère conscient, c'est qu'il a tendance à exagérer, à exiger plus qu'il ne lui en faut. A force de tirer sur la corde, il arrive qu'elle casse, et c'est Saturne qui le prévient par le carré de ne pas abuser des compensations octroyées par Jupiter. « Chacun son tour ! A d'autres maintenant » semble dire Saturne par cet aspect. Il demande d'être moins gourmand, moins exigeant et de réviser certains concepts relatifs à la façon de gagner sa vie.
Il est temps de faire des efforts personnels pour s'en sortir et de choisir une ligne de conduite conforme à de réelles aspirations. Saturne contraint à éviter la facilité, les « coups de fric » efficaces mais parfois malhonnêtes, ou la prise en charge du quotidien par une tierce personne. Si nous écoutons ses leçons, nous éviterons de générer des « dettes » karmiques que nous aurons de toute façon à régler dans des vies ultérieures. Si Jupiter est rétrograde dans le thème natal, Saturne vient ici souligner « l'interdiction » qui lui est faite d'abuser des pouvoirs de la richesse et des bienfaits terrestres.

Comment le positiver ?

Il est difficile d'en connaître à l'avance les effets, la fonction jupitérienne variant non seulement selon les individus, mais également selon les aspects qu'il a reçus avant le carré. Par exemple, Jupiter transitant le Soleil ou la Vénus natale quelques mois avant le carré de Saturne à Jupiter natal aura suffisamment dispensé de largesses pour que l'individu ne soit affecté gravement par cet aspect.
En revanche, si Pluton vient de transiter l'une de ces planètes et que le carré de Saturne vient derrière, il est à craindre une aggravation de la situation financière et un affaiblissement du moral ou de la vitalité.
Quoi qu'il en soit, plus nous aurons consolidé notre position sociale, moins nous aurons compté sur autrui ou la providence avant le carré exact, et mieux nous vivrons cette période restrictive. Après le contraction, l'expansion. Cette image, qui est liée à celle du flux et reflux de l'océan doit nous rappeler que la roue tourne et que chaque chose a une fin nécessaire pour le début d'un nouveau cycle.
Saturne nous apprend que la joie et la prospérité sont d'autant plus appréciées qu'elles sont le résultat d'efforts personnels. On peut pendant cette période établir un plan d'action au niveau des entreprises personnelles en étudiant sérieusement les probabilités d'échec et de réussite.
Sur le plan spirituel, on peut débuter une ascèse ou s'imposer une discipline visant à faire émerger la sagesse intérieure de l'être.

SATURNE CARRE A SATURNE NATAL

L'un des plus pénibles à vivre, des plus difficiles à transcender en raison de sa nature restrictive. Par une sorte d'effet miroir, on se retrouve face à la réalité de sa position sociale et de ses responsabilités propres.
Cependant, il est à noter que ces carrés interviennent aux âges de 7 ans, 21 ans, 36 ans, 51 ans, etc. En conséquence, il est nécessaire de tenir compte des transits des autres dans le même temps.
Le Saturne collectif impose au Saturne individuel de se recentrer, quitte à souffrir physiquement ou moralement.
Même bien aspecté dans le thème natal, notre Saturne subira quelques contraintes. Il aura à faire face à ses responsabilités, à ses faiblesses comme aux difficultés de son propre cheminement.
La maison X qui lui correspond devra subir une épreuve ou une restructuration. C'est elle qui héritera des retombées, positives ou négatives, du carré à la fin du dernier passage en transit. Afin de mieux cerner les conséquences possibles, il est nécessaire de resituer la fonction du Saturne natal dans le thème de naissance.

Ainsi, un Saturne *en maison* I sera confronté à la solitude intérieure. Son autorité pourra être contestée.

Saturne *en maison* II devra subir quelques pertes financières ou ressentira plus vivement son impuissance, sa frigidité.

En maison III, il devra accepter les responsabilités imposées par ses proches (frères, sœurs, amis) ou perdre momentanément toute envie de s'exprimer.

En maison IV, les difficultés liées à la famille et à la santé de ses proches l'affecteront principalement. Les émotions seront en dents de scie.

Avec Saturne *en maison* V, ce carré amènera une épreuve sentimentale ou liée à l'éducation des enfants.

En maison VI, des ennuis de santé ou une opération chirurgicale sont à prévoir. Le squelette, les os et la mâchoire supérieure seront les plus touchés (le maître de cette maison renseigne sur les causes profondes).

En maison VII, c'est le conjoint qui peut être touché par le carré, mais ce dernier peut également affecter notre propre santé ou notre situation sociale. Une période difficile si l'on est associé.

Avec Saturne *en maison* VIII dans le natal, des ennuis d'argent ou le décès d'une personne proche peuvent subvenir.
La sexualité peut subir un net ralentissement.

En maison IX, c'est la foi qui sera ébranlée et les entreprises personnelles peuvent connaître une perte de vitesse.

En maison X, c'est la situation qui sera en jeu. On peut redescendre d'un échelon sur l'échelle sociale ou bien l'autorité sera contestée.

En maison XI, les amis peuvent décevoir ou les projets ne pas aboutir. L'avenir semble soudain bouché.

En maison XII, une maladie psychosomatique ou une période de dépression est possible. On peut être tenté de s'isoler pour un temps dans un lieu de repos ou de convalescence.
Si tout ce qui précède ne semble guère réjouissant, c'est parce que la pratique nous a appris à ne pas minimiser le rôle de Saturne. Néanmoins, celle-ci nous a également enseigné le rôle positif de ses carrés.
Ainsi, Saturne prenant en carré un Saturne natal en maison VI oblige le natif à s'occuper de sa santé.
S'il tarde à subir une opération, le carré l'incite à prendre la décision qui s'impose. Saturne faisant carré à Saturne natal en X oblige le natif à limiter ses ambitions et à accepter humblement la place que la société lui permet d'avoir. Ainsi, le directeur d'une société qui avait prévu de créer des succursales sans avoir vérifié s'il avait les reins solides se verra obligé, par le carré, d'abandonner son projet pour un temps.
S'il est parfois cruel, Saturne est juste. Personne n'est favorisé mais personne n'est oublié.

Comment le positiver ?

Devant le nombre de conséquences possibles concernant ce type de carré, il convient de faire appel aux mots clés que Saturne nous donne : patience, concentration, acceptation des responsabilités, efforts personnels, courage, méditation, réflexion.
Tout ce qui est transcendé pendant le carré de Saturne à lui-même portera ses fruits au trigone à lui-même, deux ans après environ.

SATURNE CARRE A URANUS NATAL

Le sens généralement attribué à Uranus dans un thème natal est celui du principe d'individualité (individuation plus exactement), qui réside en chacun de nous. En conséquence, le carré de Saturne qui lui s'occupe du rôle social va générer un conflit entre ces deux pôles.
Se démarquer ou s'intégrer, telle va être la remise en question pendant la durée du carré. Selon que le natif a développé plus fortement son principe uranien ou saturnien, la problématique que ce transit pose sera plus ou moins bien vécue. Généralement, c'est Saturne qui l'emporte, tout du moins pour un temps.

Notre principe d'individuation se situant en dehors du temps, Uranus en nous a conscience pendant la durée du transit de ce facteur imposé par Saturne. En effet, Uranus c'est aussi l'espace et l'espace se joue du temps, celui-ci ne l'altère pas. C'est pour cette raison entre autres que le carré de Saturne à Uranus est moins conflictuel que d'autres, car il se passe à l'intérieur de nous, principalement.
Pour un temps, le social va empiéter sur l'individuel en l'empêchant de s'exprimer uniquement par sa voix.
Il faudra que le principe d'individuation se soumette à certaines lois avant de reprendre la parole. Au bout du compte, ce carré bien intégré profitera à Uranus en étayant ses possibilités d'expression, en renforçant ses convictions personnelles.

• *Du point de vue psychologique*, on se sentira comme pris au piège alors que l'on était sur le point de se libérer de certaines chaînes.
Alors que l'on était prêt à voler de ses propres ailes, à se différencier de la masse, voilà que des responsabilités resurgissent remettant l'individu sur les rails de la vie sociale. Ces nouvelles perspectives ne sont guère tentantes, mais l'on sent bien qu'il faut s'y plier, car le refus ou l'abandon attirerait la vindicte générale.
Contrarié par ces barrières inattendues, l'on a tendance à se révolter intérieurement et l'on devient morose, inquiet.

• *Sur le plan physiologique*, c'est principalement le système nerveux qui est affecté par ce carré : insomnies, nervosité accrue et rythme cardiaque irrégulier en sont les symptômes les plus fréquents. On peut se sentir déprimé mais rarement malade, à moins que d'autres transits interviennent.

• *Sur le plan événementiel*, cette période déconcertante peut, au contraire, réserver de fâcheuses surprises. Les véhicules tombent en panne, les appareils électriques se bloquent ou se dérèglent et les instruments électroniques dont on se sert régulièrement lâchent au moment où l'on en avait le plus besoin. Ces événements ne sont pas d'ordre magique ou surnaturel. Simplement, ayant négligé le facteur temps (Saturne), on arrive à un certain terme de leur fonctionnement, il est temps de les réparer ou de les changer.
Certains amis peuvent également nous laisser tomber et les nouvelles connaissances formées pendant cette période risquent d'être éphémères. On fera le « tri » après le carré exact (six à huit mois après le dernier passage).
Des ennuis peuvent venir des autorités en place, administration ou autre. La loi nous rappelle à l'ordre : ainsi, avons-nous souvent affaire avec le percepteur ou la police.
Toute tentative de progrès ou d'innovation dans le sens uranien est vouée à l'échec pendant la durée du carré.

Pour un artiste d'avant-garde ou un homme public dont les idées novatrices dérangent, ce carré peut amener le discrédit sur ses œuvres.

• *Sur le plan spirituel et karmique*, cette période est destinée à mettre un peu de plomb dans la tête du natif afin qu'il mûrisse. C'est, en résumé, le passage de l'adolescence à l'âge adulte. En effet, si Uranus nous démarque, quelquefois il nous marginalise. Saturne en nous lui demande de s'intégrer concrètement malgré sa différence afin que ce génie uranien serve à quelque chose, afin qu'il s'exprime sans insolence ni indifférence.
Cette étape est nécessaire à tout être créateur, marquant une étape importante dans l'évolution de sa psyché. Sans structures, on ne bâtit rien même si c'est génial. On peut s'emporter pour une idée nouvelle, pour une mode, pour une découverte, mais il est important de construire autour afin qu'elles résistent à la critique et au temps.
Saturne nous rappelle qu'il faut un temps pour chaque chose, que l'on ne peut dévier d'une voie dans laquelle on s'était engagé sans terminer ce que l'on avait commencé.
Ainsi, durant tout le carré de Saturne, on peut être amené à exercer deux activités simultanément. Quand bien même l'ancienne activité freine, on se sentira obligé d'y mettre un terme en douceur afin de se sentir les mains libres pour se consacrer à la nouvelle. D'autant que l'on n'est pas certain de l'efficacité de cette dernière.
Spirituellement, on exerce durant cette période son esprit de synthèse et la notion de libre arbitre.
Si Saturne est rétrograde dans le thème natal, on peut être confronté à certaines charges ou responsabilités sociales empêchant la réalisation personnelle. Il ne faut pas les négliger, car les « dettes » qui peuvent être réglées alors allègeront notre karma. Si Uranus est carré aux Nœuds lunaires dans le natal, ce transit de Saturne, surtout au Nœud sud, met l'individu dans l'obligation de concrétiser son expression personnelle au niveau social.
Un artiste peut ainsi être mis au pied du mur en se heurtant aux lois en vigueur dans son pays, vu la nature de ses textes engagés ou de ses œuvres provocantes. Il ne pourra donc lutter pour imposer ses points de vue pendant le carré : soit il se pliera aux lois, soit il mettra de l'eau dans son vin...

Comment le positiver ?

En étant le plus possible sérieux dans son comportement avec l'entourage. En terminant ce que l'on avait commencé et en structurant le plus possible les nouvelles activités.
Ainsi, nous prouverons aux autres et à nous-mêmes que la nouvelle direction est profitable car mieux adaptée à notre personnalité.

Il faut également se protéger des éventuelles foudres de la loi en réglant tout problème juridique et en évitant la marginalisation. C'est le principe créateur d'Uranus qui peut bénéficier positivement de ce carré. Plus nous ferons d'efforts pour réaliser ce à quoi nous tenons le plus et mieux nous arriverons à l'exprimer.
Les difficultés qui nous entravent au moment du transit nous mettant à l'épreuve, nous serons plus habiles et plus entraînés lorsque le carré s'éloignera.
Ce recentrage de nos acquis peut correspondre à une période où les amis se font rares, où la solitude nous accompagne.
C'est à la fin du dernier carré que nous réaliserons l'évolution personnelle de notre pouvoir créateur, et notre entourage l'appréciera d'autant plus.

SATURNE CARRE A NEPTUNE NATAL

En abordant les carrés de Saturne aux plus lointaines planètes du système solaire, on doit nécessairement resituer celles-ci dans ce que l'on nomme les aspects de générations.
Neptune et Pluton étant des planètes reliées par un aspect de sextile depuis 1945 et ce jusqu'après l'an 2000, tout aspect que reçoit l'une engage l'autre.
Cet aspect protecteur entre les deux planètes facilite la période transitoire que traverse l'humanité avant d'aborder le troisième millénaire.
C'est en fonction de la manière dont celle-ci aura intégré les valeurs plutoniennes que les valeurs de Neptune seront positives ou non. Si les vieux idéaux religieux ou nationalistes persistent, notre psyché continuera de se créer des mirages et des chefs symboliques pour compenser. Si les valeurs d'amour universel, d'entraide et de société humaine à l'échelle planétaire se développent, alors les valeurs de Neptune seront illimitées.

Pour les générations ayant *Neptune en Balance*, le carré de Saturne depuis le Capricorne les incite à laisser momentanément de côté certains idéaux concernant l'amour, l'union ou les associations.
Le slogan « Faites l'amour, pas la guerre » leur semblera dépassé. Il est temps de mettre un peu de sérieux dans leurs démarches, quitte à réviser certains concepts liés à l'amour libre et au pacifisme.
Le temps n'est plus aux rêves inaccessibles ou utopiques mais à la réflexion, à l'action concrète. Ce qui ne veut pas dire abandon de ces idéaux fort louables, mais recul et réflexion par rapport aux nouvelles données de l'engagement personnel. Saturne leur demande du concret dans leurs aspirations, du sérieux dans leurs démarches par rapport au collectif.
Ainsi ceux qui vivaient encore dans la dépendance d'une liaison connaîtront une période de quasi-solitude qui s'avèrera en fin de compte profitable. De

même, ceux qui vivaient dans la dépendance d'une drogue ou de l'alcool devront se remettre en question. Ils ne pourront plus se permettre de rêver ou de fuir.
Autant Neptune est fluide, autant Saturne est solide.
Autant Neptune est illusion, autant Saturne est réalité.
En conséquence, le défi est clair et c'est Saturne qui doit l'emporter pendant ce transit. Le sextile qui relie cette dernière à Pluton en Scorpion facilite cette métamorphose (natifs des années 50 seulement).

Pour les générations ayant *Neptune en Scorpion*, le carré de Saturne depuis le Verseau les obligera à réviser les concepts de réussite sociale ainsi que les valeurs attribuées à l'argent et au sexe.
Le mot réussite vient du latin, *riuscire*, ressortir. Cela nécessite que l'on ait déjà tenté de « sortir » une première fois. Cette période peut précisément être celle de l'entre-deux, période de réflexion liée à l'ascétisme momentané, pécunièrement comme sexuellement.
Pendant ce carré (1992/1994 suivant la naissance), ils bénéficieront des trigones de la conjonction Uranus/Neptune en Capricorne à leur conjonction Uranus/Pluton natal.
La porte de sortie est toute désignée par ce trigone en signe de Terre. En conséquence, le carré de Saturne à leur Neptune se vivra sur le mode actif : ils pourront mettre en pratique ce que leur inconscient a de plus riche et exprimer leur génie créatif. Il leur faudra compter sur leur nature uranienne, le sens du partage (la convivialité est propre à cette génération) et celui de la liberté individuelle pour concrétiser leurs aspirations, qui devront être vécues sur un autre mode que le simple intéressement matériel.

Quant aux générations ayant *Neptune en Sagittaire*, le carré de Saturne depuis les Poissons refroidira momentanément leurs espérances de grande fraternité humaine, leur foi concernant les échanges entre nations, entre toutes les races.
Qu'ils prennent patience, le monde nouveau ne se fera pas non plus en un jour. Conscients de cela, ils feront tout pour que les choses avancent plus vite. De cette génération naîtra sans doute une sorte d'œcuménisme, une nouvelle morale exempte de rites et de dogmes.
Au niveau individuel, le carré de Saturne peut affecter le moral et nous éloigner de nos idéaux. Cette retraite est nécessaire à ceux qui ont tendance à rêver d'un monde meilleur sans lever le petit doigt.
Si nous rêvons de nouveaux horizons et de voyages merveilleux, pourquoi attendre demain ? Les voyages forment la jeunesse ? Alors, mettons tout en œuvre pour cela et Saturne va nous y aider en nous incitant à la réflexion : partir ou entreprendre nécessite d'avoir un but. Celui-ci déterminé, il ne reste plus qu'à s'organiser et repérer les étapes.

Voilà le sens de Saturne. Une fois l'orbe du carré dépassé (3 à 4° degrés), la voie sera ouverte à ces nobles aspirations.

Les générations ayant *Neptune en Capricorne* sont — à l'heure où sont écrites ces lignes — encore toutes jeunes et il est difficile de prévoir comment elles vont réagir au carré de Saturne en Bélier (1996/1999). Elles seront sans doute concernées par les changements sociaux et les nouvelles lois, établies en 1988/1989 révisées à l'aube de l'an 2000. En conséquence, leurs idéaux liés à la stabilité sociale et à la sagesse de l'être humain seront à réviser.
Le carré de Saturne au signe dont il est le maître n'est pas forcément positif, mais il permettra d'ôter le flou neptunien dans les lois en vigueur, tant sur le plan administratif qu'au niveau architectural.

SATURNE CARRE A PLUTON NATAL

Pluton ayant un cycle extrêmement lent (deux cent quarante-huit ans environ), ce carré de Saturne concerne toute une génération à la fois suivant les années de naissance, mais il ne faut pas le négliger. C'est en effet de la façon dont sera intégré ce genre d'aspect par l'humanité que dépend son avenir.
Ces deux planètes sont karmiques par essence : Pluton garde en lui le passé le plus reculé de la race humaine tandis que Saturne s'occupe de son évolution propre.
Prenons pour exemple ceux qui sont nés avec Pluton en Lion (de 1940 à 1957) : cette génération qui avait poussé le pouvoir de l'ego à son paroxysme (star système, politique, etc.) se trouva face à ses propres contradictions dans les années quatre-vingt : le carré de Saturne en Scorpion à leur Pluton en Lion leur montrait soudain leurs limites. De plus Saturne venait dangereusement accompagner Pluton dans le signe du Scorpion (1983/1985), signant là une échéance redoutable pour l'avenir de la planète.
Si les esprits uraniens de ces générations n'avaient pas saisi l'occasion de l'entrée de Jupiter en Verseau pour donner un regain d'énergie positive en réveillant le vieux monde (Band Aid, les Restos du cœur, la micro-informatique, les nouvelles entreprises, les médias, etc.), le carré de Saturne dans son aspect négatif aurait pu s'avérer très dangereux.
Ce que demandait alors Saturne aux natifs de ces années d'après-guerre, c'était de modérer l'importance de leur Pluton en Lion en laissant tomber l'orgueil et leur mégalomanie qui en fin de compte les étouffaient. En refroidissant ce feu intérieur qui ne faisait qu'accentuer leurs esprits révoltés et suicidaires, Saturne leur imposait une nécessaire sagesse face à la crise mondiale. Certains comprirent, d'autres le comprennent seulement de nos jours, Pluton dans le ciel faisant carré à leur Pluton natal en Lion pendant les années quatre-vingt-dix.

Pour les générations ayant *Pluton en Vierge*, le carré de Saturne en Sagittaire dans les années 1986/1987 les incita à remettre en question leur passivité intellectuelle et leur manque d'engagement social. La révolte des étudiants en France (et en Chine) à la fin de 1986 et le boum de la communication ont été les effets positifs du défi que lançait Saturne à leur Pluton natal (conjoint à Uranus pour certains). Le même aspect fit prendre conscience à ces jeunes des dangers d'une nouvelle maladie : le SIDA.
Il leur faudra attendre le trigone d'Uranus/Neptune en 1993/1994 pour que tous ces problèmes les concernant en premier lieu soient résolus.

Les générations ayant *Pluton en Balance* ont actuellement Saturne au carré de celui-ci.
Ces enfants, plus que toute autre génération, sont nés de l'union de parents divorçant ou divorcés (ou ne vivant pas sous le même toit).
Cela explique en grande partie les difficultés que ces jeunes ont rencontrées au niveau de l'éducation.
En Balance, les valeurs d'harmonie, d'union et d'amour sentimental sont refusées par la sourde présence de Pluton. De plus, le sexe est pour eux inhibé ou maladroitement exacerbé. Le carré de Saturne devrait leur permettre de retrouver les lois essentielles de l'équilibre affectif, équilibre dont ils ont été privés en naissant et en grandissant dans un monde où le couple ne constitue plus une valeur refuge. Ces enfants qui sont nés pendant les années 70, iront sans doute rechercher dans l'art et les mœurs de ces années-là le germe d'espoir et de paix que la génération de leurs parents a perdu de vue pendant les années de crise.
Au négatif, le carré de Saturne peut engendrer des complications d'ordre affectif ou social, les lois administratives (Saturne/Neptune en Capricorne) restant assez floues pour certains.

SATURNE CARRE AUX NŒUDS LUNAIRES

Lorsque Saturne arrive en carré exact des Nœuds lunaires de notre thème natal, une brève période de libre arbitre concernant notre élévation sociale se présente.
Nous pouvons être ainsi placés devant un choix par rapport à notre engagement social. Faisant office de fléau de la balance, Saturne se tient alors entre notre passé et notre devenir, et notre psyché pendant un temps prend conscience de cet état de fait. Des responsabilités ou des opportunités refont surface et, en même temps, s'en présentent de nouvelles qui peuvent dans un premier temps nous inquiéter. Pourtant, la façon la plus positive de transcender ce carré est de relever le défi : fournir des efforts aussi bien pour régler les problèmes en suspens concernant nos responsabilités du passé, que

pour entamer un nouveau cycle d'engagement social plus élevé que le précédent — ou correspondant plus à ce qu'attend notre Nœud nord et son régent karmique[1].

• Ainsi lorsque *Mars* est le régent karmique du Nœud nord, une période d'intense activité correspondra à ce carré.
Il ne faudra refuser aucune opportunité concernant nos activités et accorder plus d'importance à celles qui démarrent, celles qui sont en accord avec notre Nœud nord, évidemment.
Si le régent karmique de notre Nœud nord est Vénus, le carré de Saturne peut être vécu dans un climat sentimental tendu : on ressent une sorte de lassitude face au partenaire, mais la perspective d'un futur différent nous effraie. Un dialogue sincère et loyal devient nécessaire si l'on ne veut pas subir l'effet « girouette ».

• Si le régent karmique du Nœud nord est *Mercure*, de nouvelles possibilités d'extension du savoir se présentent. Tout en tenant compte de ce que l'on a appris, on peut intégrer de nouvelles connaissances permettant d'accéder à un degré supérieur d'intelligence.

• Si la *Lune* est le régent karmique du Nœud nord, Saturne demande à notre nature émotionnelle de se manifester, de sortir de son cocon protecteur et d'exprimer notre imaginaire aux yeux de tous. Que ce soit par le biais d'un art ou d'une passion soudaine, il nous faut quitter pour un temps la solitude de l'âme qui devient trop pénible.

• Si le régent karmique est le *Soleil*, le carré de Saturne aux Nœuds fera prendre conscience au natif des possibilités d'élévation de son pouvoir créatif ou de sa personnalité propre.
Sans doute certaines relations seront remises en question qui l'empêchaient de se réaliser pleinement. Cette mise au point effectuée, il pourra de nouveau faire valoir ses capacités.

• Si le régent karmique est *Pluton*, Saturne va demander à l'être d'accepter de perdre, de se métamorphoser, même si pour cela il doit subir une épreuve au niveau affectif ou pécunier.

• Si le régent karmique est *Jupiter*, Saturne invite le natif à entreprendre quelque chose de nouveau en laissant de côté les spéculations intellectuelles pour un temps.

[1] Régent karmique : planète qui possède la maîtrise du signe occupé par le Nœud lunaire. Exemple: Mars est le régent karmique d'un Nœud lunaire en Bélier.

Il pourra être débordé mentalement, mais après le carré exact, il s'apercevra que cela en valait la peine.

• Si le régent karmique est *Saturne*, l'être aura à passer par une phase d'isolement intérieur. Sa nature émotive peut en prendre un coup, mais Saturne va l'endurcir pour qu'il se dirige vers son Nœud nord avec sérénité.

• Si le régent karmique est *Uranus*, Saturne par le carré demandera à l'être solaire de cesser de briller pour un temps afin qu'il se consacre à des actions plus altruistes. Des responsabilités nouvelles l'accapareront et il devra faire preuve d'humilité.

• Enfin, si le régent karmique est *Neptune*, Saturne demandera à l'être de finir de réviser ses « leçons » karmiques afin d'aborder une vision plus holistique de l'univers.
En clair, son esprit analytique sera mis à l'épreuve pendant le carré en même temps qu'il s'apercevra de certaines utopies qui l'empêchaient de se réaliser socialement.

Les deux fonctions d'Uranus

« Au commencement de toutes choses, la Terre Mère surgit du chaos et mit au monde son fils Ouranos tandis qu'elle dormait »
(La Genèse selon la mythologie grecque)

Ainsi Uranus (Ouranos : le Ciel) débuta son existence par une entrée spectaculaire : en naissant, il surprit sa mère dans son sommeil ! Inattendu et surprenant ne sont pas les moindres de ses attributs.
Sur le plan physique, astronomique, Uranus est une planète très différente des autres : notre planète la Terre est légèrement inclinée sur l'axe de ses pôles (23°), recevant ainsi les rayons du Soleil obliquement, ce qui entraîne la variation des saisons. L'inclinaison de l'axe des pôles pour Uranus est de 90° ! De plus, elle effectue sa rotation sur elle-même dans le sens inverse aux autres planètes, à l'instar de Vénus.
Ces particularités en font en quelque sorte l'originale du zodiaque. La loi d'analogie nous le confirme lorsque nous l'analysons dans le thème natal, et plus encore lors de ses transits et aspects. Originale, bouleversante, révolutionnaire, dérangeante, tels sont les adjectifs qui nous viennent à l'esprit lorsque nous recevons un aspect de cette planète.
Inattendu, un carré d'Uranus est par nature imprévisible. Cependant, pour celui qui sait lire les éphémérides et qui se connaît un tant soit peu, il est possible de prévoir ce que cette planète va déclencher, tout au moins dans son sens global. Dès lors que nous avons pris connaissance des dates de cette échéance et dans quel domaine de notre vie Uranus va bouleverser les choses, nous pouvons nous préparer au changement avec un certain détachement, quelquefois avec excitation.
Uranus n'est pas aussi terrible que Saturne ou Pluton, n'introduisant dans notre psyché aucune pensée négative ou pessimiste. Cependant, pour certaines personnes ayant du mal à accepter le changement, les carrés d'Uranus sont parfois sources de difficultés, voire de crises. La peur (du lendemain, de l'inconnu) est l'ennemi de notre désir d'évolution ; le besoin de sécurité également qui nous sclérose dans des situations qui, si elles nous ont permis d'évoluer pour un temps, arrivent à leur terme et nous limitent.
Avec Uranus, il faut se jeter à l'eau, même si l'on ne sait pas nager. Avec Uranus, nous réalisons que dans l'absolu nous sommes seuls ; pas de cette

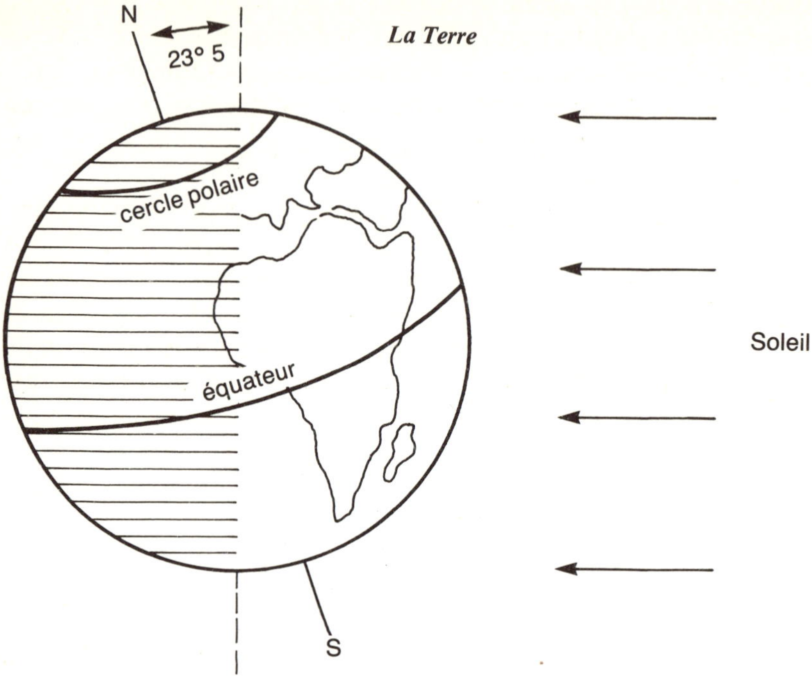
N
23° 5
La Terre
cercle polaire
équateur
S
Soleil

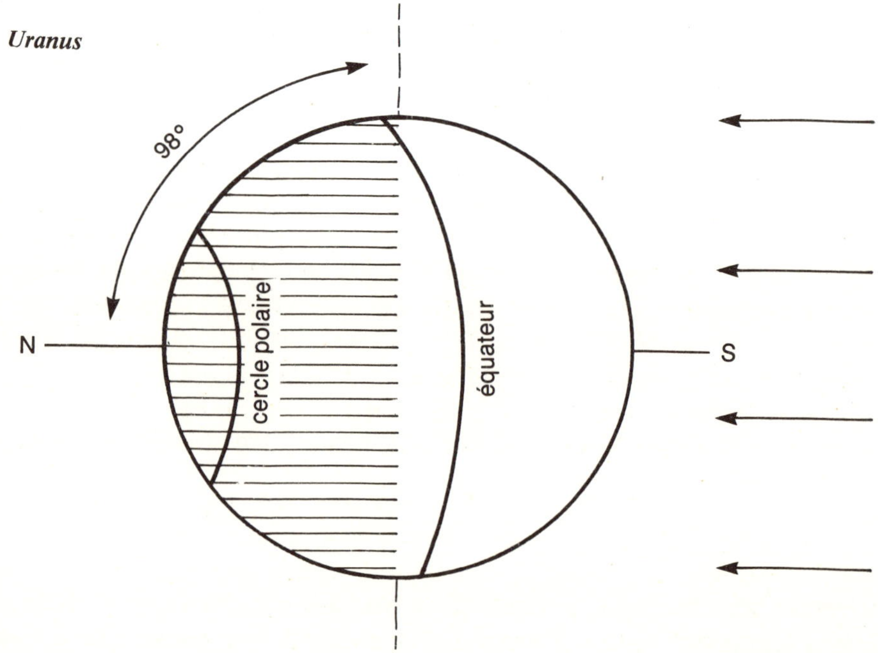
Uranus
98°
N
cercle polaire
équateur
S

solitude que Saturne nous fait éprouver afin de nous recentrer, mais plutôt celle par laquelle nous nous démarquons, nous nous singularisons.
Uranus en nous n'a ni morale ni limites. Cette planète est simplement intéressée par notre potentiel d'adaptabilité. Elle nous ramène toujours au présent immédiat afin que nous ne perdions pas le rythme essentiel des cycles qui régissent l'Univers dont nous faisons partie.
Uranus est « l'empêcheur de tourner en rond », celui qui brise nos habitudes — ou nos chaînes — lorsque nous n'en avons pas la force ou le courage. Devant un carré d'Uranus, il faut se tenir prêt à tout, car tout, absolument tout, est possible. En fait, ce n'est pas nous qui décidons, mais tout un ensemble de choses liées à notre degré d'évolution et à celui des personnes qui composent notre entourage. Certaines vont pendant cet aspect prendre un nouveau chemin avec nous, certaines se séparer de nous, ou nous d'elles.
Uranus, nous allons le constater dans l'analyse de ses carrés aux planètes natales, a deux fonctions :
— l'une brise, bouscule, sépare et dérange ;
— l'autre détache, transforme, émancipe et révèle.

A l'instar des aspects dissonants de Pluton, si nous refusons de nous remettre en question, Uranus nous réservera de désagréables surprises : rupture, exil, déménagement forcé, licenciement quand ce n'est pas choc ou même accident. Toutes ces situations extrêmes arrivent parce que nous avons attendu trop longtemps. Le carré amène une échéance dans l'horloge cosmique, que nous soyons prêts ou non, elle sonne!
Mais Uranus c'est le présent, tout simplement parce qu'il est intéressé par notre devenir, notre futur. En l'occurrence, il ne nous permet pas de stagner dans des situations qui font perdre du temps. « Plus dure sera la chute » est une phrase que nous devons garder en mémoire si nous hésitons à nous remettre en question, si nous optons pour une attitude limitative ou défensive. « Tout nouveau, tout beau » penserons-nous plutôt si nous faisons partie des personnes qui se réjouissent du changement. A la pratique, les natifs qui acceptent facilement l'idée de changement remettent en question leurs habitudes, leur mode de vie ou leurs idées, intègrent plus aisément les carrés d'Uranus. Uranus nous demande par le carré d'ouvrir la porte :
— si nous nous barricadons, il la fera sauter tôt ou tard ;
— si nous l'entrebâillons, il nous fera entrevoir les possibilités nouvelles qui s'offrent à nous ;
— si nous répondons à sa demande, il fera pénétrer dans notre vie un air frais et nouveau.

Uranus est un multiplicateur et, en ce sens, nous offre un éventail de possibilités d'expression infini. Electrique, son énergie est dynamisante, régénératrice, excitante.

Pour celui ou celle qui accepte cette énergie, les carrés d'Uranus seront de véritables catalyseurs, amèneront des opportunités pour s'exprimer ou se libérer, ils nous rendront beaucoup plus lucides. L'échéance du carré passée, nous nous féliciterons d'avoir négocié le virage à temps. Avec le recul, seul celui qu'Uranus aura bousculé plus ou moins brutalement, trouvera que le carré était dur. Mais ne l'avait-il pas un peu cherché ?

URANUS CARRE AU SOLEIL NATAL

Uranus vient par cet aspect provoquer la fonction solaire afin qu'elle se singularise. Uranus en nous étant ce qui nous différencie d'autrui, ce par quoi nous nous démarquons, cette période sera marquée par un changement radical dans nos habitudes de vie et notre comportement avec les autres.
Si le trigone entre ces deux planètes favorise les appuis et l'intégration à un groupe, le carré tend à rendre les rapports interpersonnels assez tendus et l'esprit de coopération difficile. Pendant cette période, qui dure de douze à dix-huit mois selon les rétrogradations, nous sommes sujets à de fréquents changements de cap, surtout en ce qui concerne notre réalisation personnelle. Le Soleil étant en analogie avec la personnalité, la vitalité et le pouvoir de création, ce sont ces plans-là qui auront à relever le défi posé par Uranus. Défi qui variera selon notre signe solaire et les rapports qu'entretient Uranus avec le reste du thème.

Ainsi avec un *Soleil en Bélier*, ce sont nos initiatives, notre action personnelle qui vont être remises en question. Changement d'activité, mutation à un autre poste, recyclage, voire licenciement si le Soleil en Bélier n'a pas surveillé ses arrières.

Pour un *Soleil en Taureau*, ce sont ses amours et ses acquis qui seront les plus touchés, les deux le plus souvent. Uranus lui demandera d'accepter l'échéance et de ne pas se raccrocher aux anciennes valeurs. Les nouvelles ne seront pas très loin, malgré le climat de dépossession qu'il peut ressentir.

Natif des Gémeaux, Uranus lui permettra de multiplier les contacts, de satisfaire sa curiosité, mais il lui faudra éviter les pièges de la dispersion et de la superficialité. S'il ne se laisse pas malmener par les événements, sa personnalité en retirera de l'originalité.

Avec un *Soleil en Cancer*, Uranus par le carré l'obligera à sortir de sa coquille sécurisante afin qu'il se démarque par rapport à sa famille, ses proches. Un déménagement, ou un changement de lieu de travail, est possible. Son humeur sera en dents de scie, mais en fin de compte le carré d'Uranus lui permettra de s'affirmer.

Natif du Lion, le carré le confrontera à diverses opinions et à la critique d'autrui. Ainsi déstabilisé, son ego peut en prendre un coup. Cependant son pouvoir de création sera stimulé, et il regagnera très vite confiance en lui et prestige. Uranus l'obligera à tenir compte de la valeur d'autrui.

Avec un *Soleil en Vierge*, ce sont les habitudes liées au quotidien qu'Uranus viendra changer. Cette période sera assez éprouvante mais nécessaire pour son évolution personnelle. Il portera ainsi un regard différent sur les personnes qu'il jugeait instables ou non raisonnables. La stabilité revenue, une nouvelle philosophie de vie prendra racine en lui.

Pour un *Soleil en Balance*, cet aspect concernera autant son partenaire que lui-même (surtout pour une femme Balance). Il sera obligé de se confronter directement à l'entourage, ce qui altérera quelque peu son besoin d'harmonie. Pour un artiste, cette période peut correspondre à un regain d'activité, stimulante mais éprouvante (cocktails en nombre, tournées, etc.)

Natif du Scorpion, il ressentira cet aspect comme une agression ou tentera de se glisser dans un groupe, tout à son avantage. De ce fait, il aura à transformer sa vision du monde et son attitude ambiguë par rapport à son engagement social.

Natif du Sagittaire, le carré d'Uranus sera propice à une reconversion dans ses entreprises personnelles ou à un changement de résidence ou de pays. Cette période peut également correspondre à l'abandon de certains idéaux ne cadrant plus avec les nouvelles données de son existence.

Pour un *Capricorne*, cet aspect sera des plus dérangeants. S'il est un peu trop sédentaire, Uranus l'obligera à mettre un peu d'originalité dans sa vie, à accepter un nouvel entourage ou à se confronter au savoir d'autrui. Il le forcera à sortir de son antre, à mettre un peu plus de piment dans son quotidien.

Avec un *Soleil en Verseau*, Uranus sera moins sévère ; son carré peut être une véritable révélation pour celui qui se nourrit de projets et cultive l'esprit d'équipe. Néanmoins cette période ne sera guère propice aux actions d'envergure. Il lui faudra attendre le sextile ou le trigone suivant (sept ans) pour voir aboutir ces projets de façon concrète. Cette période peut cependant être le départ d'une nouvelle conception des choses.

Enfin avec un *Soleil en Poissons*, l'être aura à tenir compte d'événements soudains qui, dans un premier temps, l'effraieront. Ils remettront en question son attentisme ou sa dépendance vis-à-vis d'autrui. Ses idéaux seront quelque peu bousculés, mais il réalisera à la fin du carré qu'en fin de compte ils avaient besoin d'être confrontés à la réalité. Il pourra de nouveau brandir l'étendard de sa foi et de ses rêves visionnaires.

• *Sur le plan psychologique*, cet aspect au Soleil perturbera pour un temps les fonctions vitales de l'individu.
Le cœur et l'appareil circulatoire seront les plus touchés : palpitations, arythmie, voire arrêts cardiaques dans les cas extrêmes, sont possibles (il faut, bien entendu, que le Soleil natal soit en maison VI, VIII ou XII et subisse des aspects dissonants dans le thème natal).
Mars et Mercure sont à surveiller durant cette période, déclenchant par leurs aspects des états de nervosité et de tension pouvant affecter cet organe.

• *Sur le plan spirituel et karmique*, le carré d'Uranus intervient lorsque la fonction solaire a besoin d'un nouvel élan pour se singulariser.
L'être humain a en effet tendance à s'intégrer dans un groupe ou une collectivité qui ne lui permet guère de se démarquer ; surtout dans nos sociétés où l'individu est trop souvent considéré comme un pion, un simple élément.
Uranus en nous a besoin de prouver que nous sommes uniques, que nous possédons nos qualités propres, un pouvoir de création personnel. Si notre famille, notre partenaire ou notre groupe social empêche cette individuation, le carré d'Uranus viendra à point pour la mettre en œuvre. Passé l'effet de surprise, notre entourage finira par accepter l'être nouveau qui se présente à eux. Sinon nous comprendrons qu'il est temps de changer de milieu, de travail ou de partenaire.
Le plus souvent ce changement est progressif malgré les événements soudains qui semblent surgir de toutes parts. C'est durant la période de rétrogradation qu'il nous est « permis » de réviser nos leçons, de régler les affaires en retard. En effet, si Uranus nous invite au changement, celui-ci ne doit pas se faire au détriment d'autrui, et il est important de s'assurer que nous ne laissons pas aux autres le soin de faire le « ménage » à notre place.
Avec le Soleil au Nœud sud dans le natal, cet aspect annoncera la fin d'une partie de vie où la fonction solaire a pris beaucoup d'importance. Il est temps de tourner la page, d'accepter l'avis d'autrui et de partager.
Avec le Soleil au Nœud nord, le carré d'Uranus mettra le natif au défi de se réaliser en tant qu'individu. Créateur ou procréateur, il lui faudra changer certains principes ou concepts obsolètes concernant l'engagement de sa personne, cet être rayonnant qu'il refuse d'accomplir.

Comment le positiver ?

Le Soleil représentant notre pouvoir de création et Uranus à son plus haut degré le génie créateur en nous, c'est par la réalisation de nos objectifs propres que nous pouvons positiver cet aspect. Il nous faudra puiser en nous-mêmes ce que nous avons de plus personnel, de plus particulier et mettre tout en œuvre pour le réaliser, pour le faire naître au grand jour. Cet « accouchement » se fera quelquefois dans la douleur, mais le nouveau-né sera original, authentique et surtout... personnel. Tous les carrés d'Uranus au Soleil, quel que soit le signe du zodiaque, ne visent qu'à une seule chose : le singulariser. Tout simplement parce que, comme toutes les planètes, le Soleil n'est pas fixe dans le cosmos et qu'il a sa vie propre. Lui aussi a besoin de changements, même s'il nous semble être un centre immuable, au bord de cette galaxie qu'est la Voie lactée et autour de laquelle il tourne.

URANUS CARRE A LA LUNE NATALE

Cette période, qui s'étend sur douze à dix-huit mois, se caractérise par une instabilité de l'humeur et des émotions. Période nerveuse et agitée s'il en est, la Lune étant mouvante, changeante par nature.
En analogie avec le signe du Cancer et la maison IV, la Lune est un puits de sensibilité relié à l'enfance, aux attaches familiales, à nos racines propres.
Uranus est en analogie avec le signe du Verseau et la maison XI qui ont un rapport avec notre ouverture sur le monde, nos projets, notre futur.
Uranus va donc ramener le passé de la Lune au présent afin de le réactualiser. Mais Uranus ne se sent pas obligatoirement en affinité avec la Lune (sauf si un trigone ou un sextile les réunit dans le thème natal). Uranus en nous va donc nous inciter à faire le point sur le passé afin de nous libérer de certaines attaches qui freinent le processus d'individuation.
Ce « flash-back » est nécessaire avant de passer à la nouvelle dimension de notre sensibilité qu'Uranus aura fait émerger. Cette période d'instabilité s'achèvera par une nouvelle attitude vis-à-vis des valeurs lunaires, mieux assimilées et plus individuelles.

• *Sur le plan psychologique*, cette période se caractérise par une humeur en dents de scie. Irritable, nerveux, susceptible, nous réagissons — le plus souvent intérieurement — aux sollicitations extérieures de manière irrégulière. Les émotions étant soumises à la tension électrisante d'Uranus, nous avons l'impression d'un état d'urgence permanent. Un climat d'insécurité — ou d'excitation suivant la valeur de la Lune dans le natal — règne et il nous semble difficile de faire le point. Tout va très vite, ce qui nous rend émotionnellement très sensibles, les nerfs à fleur de peau. Psychologiquement, les périodes les plus difficiles sont celles où le carré se double d'un transit de Mercure ou Mars sur la Lune.

• *Sur le plan physiologique*, cet aspect touche les fonctions de digestion (crampes d'estomac, hoquet, etc.) et les fluides corporels (urine, transpiration, liquide céphalo-rachidien). Si Uranus peut provoquer des irrégularités dans le fonctionnement de ces organes, il ne faut cependant pas s'affoler

sauf si la Lune est en maison VI, maîtrise cette maison ou reçoit des aspects dissonants de Mercure, Mars ou Neptune.
Les sautes d'humeur, c'est bien connu, ne facilitent guère la digestion et les contrariétés ne nous incitent pas à suivre une alimentation équilibrée.

• *Sur le plan événementiel*, tout dépend de ce que la Lune représente dans notre carte du Ciel.
Pour un homme, c'est l'élément féminin qui lui pose problème.
Pour une femme, c'est la mère qui devient préoccupante. Pour les deux, les enfants en bas âge sont une préoccupation. Les événements peuvent également toucher la clientèle si l'on est commerçant ou le public si l'on est artiste. Dans ce dernier cas, on se voit contraint de changer de répertoire ou carrément de style, l'ancien ne répondant plus au goût du public.
Généralement cette période correspond à un changement d'attitude vis-à-vis du passé, ce qui amène des frictions, voire des disputes avec le partenaire (si l'on est marié). Volontiers provocateur, nous n'hésitons pas à mettre les pieds dans le plat et à affirmer notre individualité.
Nos prises de position peuvent tourner en « prises de bec », mais pour un individu qui sait se maîtriser, cette période sera propice à la clarification de rapports ambigus ou convenus avec son entourage immédiat.
Il pourra inconsciemment lui apporter des idées novatrices ; même s'il n'est pas bien perçu au tout début ; en fin de compte on appréciera son nouvel état d'esprit.
On peut, durant ce carré d'Uranus, changer de lieu de vie, mais il est préférable de ne pas déménager lors du premier carré exact.
Ce dernier nous donne tellement la bougeotte que nous ne supportons plus d'avoir un toit sur la tête ! Il est préférable de laisser l'occasion se présenter, Uranus étant le spécialiste des surprises…

• *Sur le plan spirituel et karmique*, cet aspect intervient lorsque nous avons besoin de « couper le cordon » avec certaines attaches du passé ou, à un niveau symbolique, avec l'éternel enfant qui sommeille en nous. Le passé doit être réactualisé, même si un brin de nostalgie (ou de crainte) nous pince un peu le cœur. Uranus nous ramène au présent, car il est surtout intéressé par notre futur. Il nous fait voir plus loin que le bout de nos rêves et éveille en nous le désir de « plus ». Plus d'espace, plus de liberté, plus d'imagination, plus de portes à ouvrir…
En clair, il faut que les choses bougent, évoluent, et ce, au niveau lunaire, c'est-à-dire sur le plan émotionnel et au niveau de la sensibilité.
Uranus est parfois perturbant pour la Lune, mais celle-ci doit y prêter attention, surtout à notre époque où les valeurs Verseau commencent à prendre de l'importance et où nous ressentons la nécessité de mieux contrôler nos émotions. Il suffit de visualiser notre satellite virevoltant autour de la Terre à une vitesse impressionnante en regard des autres planètes

pour saisir à quel point la Lune peut influencer les Terriens que nous sommes.
Uranus intime donc à la Lune de mieux canaliser ses humeurs, de maîtriser ses émotions, de calmer sa subjectivité.
Pour ce faire, il va dans un premier temps la bousculer, la provoquer, afin que nous nous occupions sérieusement d'elle. Puis lentement, par à-coups, il lui fera subir une métamorphose en l'ouvrant à de nouveaux horizons, plus clairs car plus récents. Si la Lune est carrée aux Nœuds lunaires, Uranus passant au Nœud sud la confrontera à un entourage formé, pour la plupart, de personnes issues du passé (celui de l'enfance ou celui de vies antérieures).
Passant au Nœud nord, Uranus la mettra en demeure de s'exprimer de manière individuelle, sans s'occuper du « qu'en dira-t-on » de la famille ou des amis proches.
Si la Lune se trouve au Nœud sud dans le thème natal, Uranus lui demandera d'abandonner les anciens concepts et de s'ouvrir à de nouvelles valeurs. Il demandera à l'enfant en nous de grandir, de passer à l'âge adulte.
Avec la Lune au Nœud nord, Uranus lui indiquera la direction à prendre afin d'affirmer sa propre sensibilité, de développer son riche imaginaire. Il lui demandera de réaliser ses rêves et de les brandir à la face du monde, même s'ils lui paraissent trop futuristes. Il lui demandera de tourner la page sans regrets.

Comment le positiver ?

La lune représentant notre sensibilité et notre imaginaire, nous pouvons les canaliser dans de nouveaux domaines d'expression. Ainsi pour un artiste ce peut être l'occasion d'un changement dans l'expression de sa sensibilité.
On peut, par exemple, à la faveur de ce transit, passer de la passion pour la photo à celle pour la vidéo. Uranus étant un principe de multiplicité, nous pouvons exploiter plusieurs domaines d'expression ou passer de l'un à l'autre suivant notre humeur.
A la fin du dernier carré exact (six à huit mois plus tard) nous saurons pour lequel opter.
La Lune étant également en analogie avec notre alimentation, nous pouvons réaliser sous cet aspect que l'ancienne façon de nous nourrir ne convient plus et réadapter notre métabolisme à une nourriture plus en rapport avec le quotidien et notre sensibilité nouvelle. Nous pouvons aussi aider notre femme, notre mère ou notre progéniture à évoluer en l'ouvrant à de nouveaux horizons, à d'autres cultures, à des pays différents.
La maison où se trouve la Lune sera celle qui ressentira le plus le carré d'Uranus. La maison dont elle possède la maîtrise sera le cadre de cette transformation.

La maison occupée par Uranus dans le natal nous renseigne sur l'origine des événements et celle qu'il maîtrise les domaines à explorer. Enfin les aspects que reçoivent l'une et l'autre nous renseignent sur les problèmes ou les aides que nous rencontrerons pendant la durée du transit.

URANUS CARRE A MERCURE NATAL

Uranus étant l'octave supérieur de Mercure, nous vient facilement à l'esprit l'image du grand frère donnant des leçons ou des conseils au plus jeune. En effet, l'intellect que représente Mercure a beaucoup à apprendre du mental supérieur signifié par Uranus.
En astrologie karmique, Uranus est considéré comme la somme des expériences enrichissantes de l'esprit, une multitude de petits Mercure que nous avons exploités dans des vies antérieures. Par cet aspect Uranus va donc réveiller notre Mercure en lui donnant des leçons par l'intermédiaire de notre entourage, d'un ami, d'un frère, d'un collaborateur ou d'une fraîche connaissance venant de l'étranger.
Cet aspect n'est conflictuel que dans la mesure où nous refusons d'assimiler de nouvelles valeurs, où nous adoptons une attitude bornée ou rebelle.
A l'aube de l'ère du Verseau, Uranus, maître de ce signe, a tout à nous apprendre et plus particulièrement lors d'un carré à Mercure ; cette planète opérant efficacement par la voie de l'intelligence et de la compréhension.

• *Sur le plan psychologique*, cet aspect amène irritabilité et nervosité qui se traduisent par des gestes saccadés et une élocution rapide laissant peu de place à la répartie. Nous ne tenons plus en place, et la moindre contrariété nous plonge dans la colère intérieure et le ressentiment.
Les événements ont l'air de se succéder à un rythme très rapide et nous avons du mal à communiquer tout ce que notre mental reçoit comme informations. De ce fait, nous sommes assez dispersés durant cette période et c'est pourquoi notre entourage trouve nos attitudes déconcertantes, voire extrémistes.

• *Sur le plan physiologique*, c'est le système nerveux dans son ensemble (nerfs et muscles) qui est le plus concerné, avec l'appareil respiratoire si Mercure est en Gémeaux ou en Poissons. L'état nerveux dans lequel nous nous trouvons nous pousse parfois à des excès de tabagisme ou à abuser de calmants.
Si Mercure reçoit des aspects dissonants dans le natal, est conjoint à Mars ou à la Lune, nous pouvons craindre des accidents touchant les mains, la tête ou les yeux (œil gauche). Si tel est le cas, il est bon de repérer les périodes où Mars est particulièrement agressif envers Mercure natal afin de prévenir d'éventuels dommages.

• *Sur le plan événementiel*, cet aspect se traduit par une instabilité permanente. On se déplace beaucoup, par tous les moyens de transport, on a besoin de voir beaucoup de monde, de communiquer, de parler, de remuer plus que d'ordinaire.
Généralement, cet aspect se traduit par des événements soudains concernant l'application que nous faisons de notre intellect. Ainsi pour un étudiant, un changement de professeur, d'établissement scolaire, un déménagement, peut perturber pour un temps son mental. Pour un commerçant, ce peut être un concurrent qui lui prend sa clientèle ou des déboires avec son voisinage immédiat. Cet aspect est générateur de tensions ou de disputes avec l'entourage. Cependant si nous adoptons une attitude sereine et pleine de bon sens, si nous ne refusons pas le dialogue, nous avons tout à gagner d'un tel aspect puisqu'il remet en question certains principes et habitudes hérités de notre éducation ou de notre bagage scolaire. Dans un premier temps, nous nous révolterons pensant que nous n'avons rien à apprendre de nouveau et surtout pas des autres, mais cette attitude réactionnaire passée, nous réaliserons que ceux qui nous tendent la perche ont beaucoup de choses à nous apprendre et que nous aurions tort de refuser cette ouverture.
A la fin du carré (six mois environ après le dernier carré exact), nous aurons élargi notre vision des choses et amélioré notre bagage intellectuel.

• *Sur le plan spirituel et karmique*, cet aspect intervient lorsque nous avons à faire évoluer certains concepts devenus étriqués ou obsolètes. Par laxisme ou intérêt, nous avons tendance à croire que nous savons suffisamment de choses, que notre logique et notre raisonnement sont des plus valables. On se surprend parfois à dire « je sais », alors qu'il n'en est rien le plus souvent. Uranus par le carré oblige donc notre intellect à accepter de nouvelles informations et nous avons tout à gagner en le laissant opérer. Si nous faisons obstacle, Uranus nous amènera toutes sortes de déboires, de la dispute à la chute, voire à l'accident, jusqu'à ce que nous acceptions de réviser nos vues.
En conséquence, il est préférable d'être ouvert, réceptif et attentif vis-à-vis de notre entourage et des événements en cours. Si Mercure est rétrograde dans le thème natal, on peut rencontrer un nouveau cercle d'amis qui permet d'entrevoir de nouveaux horizons.
Il arrive que l'on se détache intellectuellement d'un frère ou d'une sœur avec lequel on avait des liens karmiques.
Si Mercure est carré aux Nœuds lunaires, Uranus passant sur le Nœud sud l'obligera à dévoiler ses riches connaissances en le confrontant à un groupe, de travail ou amical. Passant au Nœud nord, Uranus lui fera entrevoir de nouvelles possibilités d'expression de son intellect.
Pour un chercheur, c'est à cette période de sa vie qu'il aura à prouver ce qu'il avance sur le plan théorique.
Avec Mercure natal conjoint au Nœud sud, le carré d'Uranus annoncera la

fin d'une partie de vie où l'intellect était vécu sur le mode passif, ou tenait une place trop importante dans la psyché.
Conjoint au Nœud nord dans le thème natal, cet aspect réveillera le génie intellectuel en lui faisant prendre conscience de sa relative compréhension des choses. Il pourra prendre une nouvelle direction dans l'application de ses connaissances.

Comment le positiver ?

Tout d'abord en étant ouverts et réceptifs aux informations venant de l'extérieur : tout ce qui est nouveau, d'avant-garde, futuriste doit être pris en considération.
Ainsi, nous pouvons positiver ce carré en nous dotant d'appareils modernes (calculatrice, ordinateur, etc.), en modernisant nos outils de communications.
Nous pouvons également effectuer un stage d'initiation aux techniques nouvelles ou nous reconvertir dans un domaine plus approprié à la qualité de notre Mercure natal (en passant du secrétariat au commerce, par exemple).
En voyageant, nous pouvons aussi acquérir plus de connaissances dans le domaine choisi. Nous pouvons positiver ce carré en apprenant un nouveau métier, une nouvelle langue ; bref, la liste est longue, et tout dépend de ce que représente Mercure dans notre thème et l'application que nous en avons fait.
Nul doute que votre intellect saura trouver la corde qui manque à son arc... ou changer d'arc !

URANUS CARRE A VENUS NATALE

Du point de vue physique, astronomique, Uranus et Vénus ont deux points communs.
Leur rotation sur eux-mêmes s'effectue dans le sens inverse aux autres planètes du système solaire.
Malgré cette particularité, leur excentricité et l'obliquité de leurs orbites sont pratiquement nulles.
Originales mais d'une constance remarquable, ces deux planètes posent des problèmes similaires lorsqu'elles se trouvent en carré, dans le natal comme en transit.
Si dans le natal un carré entre ces deux astres signifie globalement une instabilité du cœur, en transit par contre il révèle une échéance dans la manière dont on vit ses sentiments.
Uranus étant un principe de multiplicité, Vénus un principe d'attachement, ce carré amène un renouveau dans notre façon de vivre nos amours, sinon

un besoin de nous renouveler. Pour peu que nous soyons à l'écoute de notre cœur, de nos sentiments, nous remarquerons durant toute cette période une lente transformation de notre façon d'aimer. Et ce changement sera le plus souvent positif, comme nous le constaterons au terme de ce carré.

• *Sur le plan psychologique*, ce carré d'Uranus n'est pas forcément conflictuel. Tout au plus pouvons-nous ressentir quelque nervosité par rapport à notre partenaire si nous sommes déjà liés.
Les pensées sont souvent contradictoires et nous passons d'une opinion à une autre : de la raison objective aux idées les plus révolutionnaires, les plus farfelues.
En fait Uranus est en train de bouleverser nos principes, nos habitudes sur le plan sentimental. Nous avons besoin de surprises, de renouveau, de moments exaltants, excitants avec le partenaire. Si nous ne fonctionnons pas sur la même longueur d'onde, nous aurons tendance à nous éloigner de cette personne, pensant trouver ailleurs l'objet de nos nouveaux désirs, ce qui peut devenir problématique et engendrer quelques prises de bec.

• *Sur le plan physiologique*, cet aspect touche surtout les parties du corps en relation avec Vénus : les organes des sens et plus particulièrement la bouche, la gorge et les veines du cou (surtout pour les natifs du Taureau ou ayant Vénus en Taureau ou en maison III).
Pour une femme, ce sont les organes génitaux qui seront touchés et les menstruations peuvent devenir assez irrégulières. Uranus étant relié au système nerveux autonome, à la respiration et aux battements du cœur, les répercussions possibles sur la santé dépendent également de la fragilité de ces parties du corps.
Cela va des tics ou tremblements inhabituels aux maux de gorge persistants avec voix enrouée, nasillarde ou éraillée. La plupart de ces maladies assez bénignes étant de type chronique, il est conseillé de se relaxer le plus souvent possible ou de pratiquer une discipline comme le yoga, la visualisation créatrice, ou encore une activité artistique comme nous le verrons en fin de chapitre.

• *Sur le plan événementiel*, ce carré peut se manifester dans plusieurs domaines. L'astrologie traditionnelle accorde à cet aspect une sorte de fatalité au niveau relationnel : divorce ou rupture.
A l'aube du nouvel Age, nous sommes invités à réajuster ces vues et à tenir compte de l'évolution des mœurs. A la pratique, il s'avère que les coups de foudre, les nouvelles amours sont assez fréquents sous cet aspect, même s'ils ne débouchent pas dans un premier temps sur un mariage ou une relation stable.

Les ruptures que déclenche cet aspect d'Uranus peuvent être momentanées et transformer la relation si celle-ci avait besoin d'un second souffle pour continuer.
Il s'agira donc soit d'un renouvellement dans la relation à l'autre, soit de nouvelles amours, soit d'une rupture suivie d'une rencontre. Tout dépendra de la qualité, de la force de nos sentiments et de celles de notre partenaire.
De toute façon, il est préférable de ne pas précipiter les choses et d'éviter les décisions définitives pendant la durée de ce transit (douze à dix-huit mois). Cette période incite plus à avoir les coudées franches et à se sentir libre.
Le secteur des finances est également concerné par cet aspect. On peut multiplier les gains comme subir quelques imprévus financiers, entraînant des fluctuations dans le budget (dépenses imprévues, voyage coûteux, prêts à l'entourage, etc.). Si nous sommes dans une période de choix par rapport à notre profession, ce choix peut être difficile à faire, en raison de l'aspect financier de celui-ci.
Avec des aspects dissonants de Vénus dans le thème natal et si celle-ci a un rapport avec nos biens et acquis personnels, il est à craindre une saisie immobilière ou les visites d'un huissier.

• *Sur le plan spirituel et karmique*, cet aspect d'Uranus intervient lorsque notre évolution nécessite un changement souhaitable dans notre façon d'aimer.
Toute situation sentimentale qui s'éternisait ou s'enlisait dans les habitudes est appelée par le carré à évoluer.
Si nous manquions de volonté ou de courage pour affronter cette échéance du cœur, la rupture est possible. Elle peut être difficile à accepter, mais elle se révélera enrichissante avec le recul. Une rupture est souvent vécue comme une cassure, une fracture, alors qu'elle est plutôt un détachement, un éloignement nécessaire. Cette attitude, qui provoque souvent des déchirements, des psychodrames, est liée à l'archétype Poissons et devrait évoluer dans les temps à venir dans le sens de l'archétype Verseau, plus souple et plus libéral. Pour aimer on doit être tout d'abord soi-même.
Chaque cycle, chaque processus qui débute apporte la nouveauté, l'inattendu, tout simplement parce qu'il est réactualisé.
La fin d'un amour n'est pas la fin de l'amour, elle ne doit pas être vécue comme la mort d'un amour mais comme une renaissance.
Avant la renaissance, il y a forcément la fin de tout un vécu. A nous de comprendre ce qu'il nous faut remettre en question par rapport à ce vécu ; les attitudes et les habitudes qui ont mené à cette échéance, les nôtres comme celles du partenaire. Uranus en nous n'aime pas la routine. Il nous intime de changer notre façon d'aimer, quitte à prendre des risques. Ces risques sont bien évidemment qu'une rencontre se transforme en aventure et l'aventure en histoire d'amour. Uranus en nous aime la liberté, mais la liberté de l'un

ne s'accommode guère de la prison de l'autre. La liberté est comme l'amour, elle n'a qu'une loi : la sienne. Ou bien elle n'en connaît pas !
En conséquence, il est essentiel de réfléchir à deux fois avant de provoquer une situation de ce genre. Si Vénus est rétrograde dans le thème natal, Uranus lui demandera un peu plus d'engagement dans ses relations amoureuses. La fâcheuse habitude qu'a Vénus rétrograde de manifester ses sentiments après coup demande d'être analysée et transformée.
Si Vénus dans le natal est carrée aux Nœuds lunaires, Uranus passant sur le Nœud sud amènera l'être à reconsidérer sa façon d'aimer afin de progresser dans sa compréhension des sentiments humains. Un retour dans le passé ou du passé peut amener des retrouvailles karmiques. (Voir ce qui s'est produit il y a vingt ans environ.)
Uranus passant sur le Nœud nord amène une échéance en matière amoureuse ou une affirmation plus accentuée de sa façon d'aimer. Cela dépend de la qualité de la Vénus natale et de ses aspects à Uranus.
Avec Vénus conjointe au Nœud sud dans le thème natal, Uranus l'obligera à mettre un terme à une relation qui s'épuisait.
Avec Vénus conjointe au Nœud nord, Uranus lui fera entrevoir de quelle façon elle pourra vivre ses amours dans le futur, en plein accord avec son karma.

Comment le positiver ?

Si nous sommes déjà liés, il est important d'être franc avec son partenaire et de lui confier nos états d'âme et nos nouvelles aspirations. Si le carré à Vénus concerne plutôt nos finances, il est sage de prévoir des portes de sortie dans l'éventualité où les événements provoqueraient une situation gênante.
Il est possible de positiver ce carré en débutant l'apprentissage d'un art ou en changeant d'activité dans ce domaine. Il est également possible de passer de la musique à la peinture ou de pratiquer plusieurs formes d'art pendant la durée du transit. Nous pouvons encore moderniser nos instruments ou les électrifier, les relier à un ordinateur, etc.
Pour en revenir à nos amours, cet aspect les concernant en premier lieu, nous pouvons mettre du piment dans notre vie sentimentale en organisant un voyage surprise avec l'être aimé, en provoquant des situations propres à renouveler nos sentiments et ceux de notre partenaire.

URANUS CARRE A MARS NATAL

Dans une carte du Ciel, cet aspect est l'un des plus violents, confrontant deux énergies planétaires des plus dynamisantes, Uranus l'électrique mettant au défi le feu martien.

L'image qui vient à l'esprit est celle de l'éclair et de la foudre. Aussi cet aspect est pour le moins similaire lors d'un transit en carré.
Tout dépend cependant de la valeur de Mars dans le thème natal et des aspects qu'il reçoit. Il est évident qu'un Mars en Bélier ou en Scorpion sera plus secoué par le carré d'Uranus qu'un Mars en Balance ou en Capricorne, surtout s'il reçoit des aspects harmoniques dans le natal.
Cependant, il ne faut pas mésestimer la puissance d'Uranus et, nous allons le voir plus loin, il s'avère souvent problématique pour Mars dont la fonction est en relation avec nos activités personnelles. De ce fait, ce carré est l'un des plus remarquables... et des plus remarqués.

• *Sur le plan psychologique*, cet aspect amène une tension nerveuse accrue et une agressivité latente difficile à contrôler. Devenus impulsifs, nous perdons quelquefois le contrôle de nos actes. Nous avons l'impression que tout se ligue contre nous et cela nous révolte.
De ce fait nous devenons imprudents, dans nos actes comme dans nos paroles, ce qui nous vaut des remontrances de la part de notre entourage et risque de nous causer de graves ennuis. Si notre Mars natal est agressif, ce carré peut entraîner des disputes, voire des rixes, qui peuvent nous porter préjudice.
Nous sommes très souvent à bout de nerfs, ce qui nous rend de moins en moins entourés. Ce climat psychologique semble plus perturbant au dernier passage en carré d'Uranus.

• *Sur le plan physiologique*, ce sont les parties du corps en analogie avec Mars qui vont être touchées par le carré : la tête (maux persistants), le système musculaire (claquages, hernies, etc.) et plus particulièrement les muscles entourant le cœur (stress, tachycardie). A noter chez certaines personnes très nerveuses des montées d'adrénaline. Si Mars reçoit des aspects violents dans le thème natal (carré à Uranus, Saturne, Mercure ou Pluton), on peut craindre des accidents plus ou moins graves.
Si tel est le cas, il est conseillé — l'étude de l'astrologie sert aussi à cela — de relever grâce aux éphémérides les périodes où Mars et Mercure envoient des aspects harmoniques à notre Mars natal, pour voyager en automobile ou pratiquer un sport de montagne.
Les risques de fractures et de blessures ne sont pas à négliger sous un tel aspect.

• *Sur le plan événementiel*, le carré d'Uranus prédispose aux ruptures de contact, aux disputes comme aux actes de courage (... insensés). Les ruptures de nature sentimentale ne sont pas exclues si l'on est de sexe féminin. Il est d'ailleurs fréquent de constater lors de ce transit des brutalités de la part de l'élément masculin.

Généralement, c'est plutôt une période où de brusques événements incitent à changer d'activités ou d'emploi. Il s'agit le plus souvent d'une mise à pied (que l'on a provoquée) ou d'une reconversion dans un domaine différent de celui exploité auparavant.
Si Uranus a un rapport avec l'étranger dans le thème natal, des opportunités peuvent arriver grâce à des personnes étrangères ou travaillant dans un autre pays. On peut également multiplier les activités, mener de front une activité « alimentaire » et une autre plus en rapport avec nos passions, nos réelles capacités.
Enfin, les engins à moteur, en fer ou électriques sont sujets à des pannes inattendues. En conséquence, les personnes qui travaillent sur des machines de maniement dangereux sont invitées à la plus grande prudence durant cette période.

• *Sur le plan spirituel et karmique*, cet aspect intervient généralement lorsque nous nous sommes engagés dans une voie qui ne nous convient pas ou plus. 2 ou 3° avant le premier carré exact, ce qui équivaut à six mois, on commence à devenir nerveux et irritable dans l'exercice de ses activités.
On en a souvent « marre » de tout et l'envie de changer quelque chose nous démange. Si nous avons choisi une activité qui nous convient, le carré d'Uranus nous incitera à innover, à nous surpasser dans notre spécialité.
Si en revanche nous avons décidé avant le carré de prendre n'importe quel emploi (ce qui se comprend vu le nombre de chômeurs), celui-ci cessera d'être gratifiant à tous points de vue et nos collègues de travail nous feront sentir qu'il est temps de s'investir ou... de partir.
Dans le même temps peut se présenter ou se mettre en place une nouvelle activité, plus en rapport avec nos réelles capacités. Cette activité nouvelle nous posera peut-être un problème d'adaptation, mais le carré terminé, nous serons à même de consolider notre position. La pratique nous enseigne que les personnes qui n'hésitent pas à remettre en question leur mode de vie et leur travail finissent toujours par trouver une solution.
Celui qui veut... peut. Uranus en nous ne permet pas à Mars de rester inactif pendant cette période. C'est par notre volonté (Soleil) et nos efforts personnels (Saturne) que nous redressons la barre. Avec un tel carré, nous avons la possibilité de la placer un peu plus haut. Dès lors, pourquoi ne pas essayer ?
Avec un Mars natal carré aux Nœuds lunaires, le défi sera difficile à relever. Cependant, une telle position natale incite à se surpasser, même si cela est pénible (c'est un karma martien et c'est nous qui l'avons choisi).
Avec Mars au Nœud sud, Uranus lui demandera de transformer son agressivité en activités altruistes.
Avec Mars au Nœud nord dans le thème natal, Uranus l'incitera à sortir de sa réserve ou de son indifférence afin qu'il se prouve sa confiance en lui-même, sa virilité s'il s'agit d'un homme.

Enfin, il est conseillé aux personnes nerveuses ou agressives de canaliser leur trop-plein d'énergie en pratiquant un sport martial, ou en faisant régulièrement du jogging ou de la marche matinale pendant la durée de ce carré.

Comment le positiver ?

En étant tout d'abord ouvert à toutes les propositions que l'entourage peut faire. La fin du dernier transit en carré (six mois après environ) nous permettra de sélectionner et de choisir. Avant le premier carré exact, il est utile de régler toutes les affaires en retard, les tâches inachevées, les sujets de discorde, etc. Il est possible de positiver ce carré en menant deux activités de front. Ce faisant, si nous en avons « marre » de l'une, nous n'aurons pas d'excuse : l'autre nous tendra les bras.
Il est également possible de se démarquer dans le secteur professionnel par des actions originales, visant à innover ou à apporter une note fantaisiste. Ou encore de trouver un système qui permette d'accélérer la cadence, d'élargir la clientèle potentielle en démarchant dans les pays étrangers, etc.
Tout dépend de la nature de notre Mars natal et, bien sûr, de notre volonté d'agir, en conformité avec notre potentiel d'action.

URANUS CARRE A JUPITER NATAL

Le sens généralement attribué à Jupiter étant la croissance, l'expansion et l'enthousiasme, c'est sur l'un de ces plans que le carré d'Uranus va jouer, suivant la place qu'occupe Jupiter dans le thème natal.
Des événements soudains vont freiner pendant cette période notre processus d'expansion, ce qui aura pour conséquence un net ralentissement de nos activités lucratives. On ne pourra compter sur la chance, les appuis ou la providence. Nous dépendrons pour beaucoup de la volonté d'autrui, de son bon vouloir et devrons accepter les conseils de bonne grâce. Jupiter représentant également la vocation, Uranus par le carré peut la remettre en question (ou bien multiplier les portes de sortie). Ainsi on hésitera beaucoup devant les choix à faire en ce qui concerne la profession : mais de quelque côté que l'on se tourne, le chemin sera jalonné d'obstacles, d'imprévus, de retournements de situation, le plus souvent à notre désavantage.

• *Du point de vue psychologique*, on devient maussade, on se décourage facilement et l'on est hésitant, pas très bien dans sa peau.
Cependant ce climat n'est pas persistant et il suffit que Jupiter dans le Ciel fasse un aspect harmonique avec nos planètes personnelles pour que l'enthousiasme revienne.

• *Sur le plan physiologique*, ce sont les organes en rapport avec Jupiter qui vont ressentir la tension uranienne : le foie, le pancréas et le système artériel peuvent de ce fait subir de fréquentes arythmies. On passe des bouffées de chaleur à l'anémie en quelques jours. Il est conseillé d'éviter les excès d'alcool durant cette période, le foie étant particulièrement sensible.

• *Du point de vue événementiel*, tout dépendra des aspects que reçoit Jupiter dans le natal et de la maison qu'il occupe :
— avec Jupiter natal dans l'axe maison I/maison VII, c'est au niveau relationnel que le carré d'Uranus va bouleverser les choses. Notre partenaire (ou nous-mêmes) subira quelques remous sur le plan financier ou une mauvaise ambiance au travail, ce qui altérera pour un temps l'harmonie du couple ;
— si Jupiter natal est dans l'axe maison II/maison VIII, le carré d'Uranus provoquera des pertes d'argent ou de biens. Il peut aussi nous faire entrevoir d'autres possibilités d'investissement. Ou bien nos revenus seront modifiés sans que nous puissions intervenir ;
— avec Jupiter dans l'axe des maison III/IX, les voyages seront compromis durant cette période ou seront vécus comme une contrainte, un exil. Les rapports avec les proches et le voisinage seront tendus, problématiques ;
— si Jupiter est dans l'axe des maisons IV/X, le foyer ou la situation sociale seront assez secoués. On peut être forcé de déménager ou perdre une place enviable ;
— avec Jupiter dans l'axe des maisons V/XI, les amours ou les projets risquent d'être contrariés. Des événements imprévisibles peuvent concerner les enfants. Les amis peuvent nous « lâcher » pour un temps, ou bien nous faisons la connaissance de personnes étrangères ou vivant en marge de la société ;
— avec Jupiter en maisons VI ou XII, le plan de la santé peut être concerné. Anémie ou dépression à cause d'éléments extérieurs peuvent survenir durant cette période (il y faut, bien entendu, d'autres transits, de Saturne ou Pluton notamment). On peut s'intéresser aux sciences occultes ou débuter l'étude de l'astrologie, du Tarot, etc.

• *Sur le plan spirituel et karmique*, ce carré d'Uranus survient lorsque nous abusons un peu trop de nos privilèges ou des opportunités qui nous avaient été offertes (bien souvent au dernier sextile ou trigone d'Uranus à notre Jupiter, c'est-à-dire sept ans environ auparavant).
A l'époque, nous avons su être reconnaissants et n'hésitions pas à nous investir (tout nouveau, tout beau !). Mais l'être humain a ceci de particulier qu'il finit par trouver normal, avec le temps, que les choses « roulent » pour lui.

Eternel insatisfait, profitant au maximum de ses acquis, il en oublie les éventuels retournements de situation. Généralement nous ne sentons pas arriver le carré d'Uranus ou bien inconsciemment nous n'attendons que cela...
Pour un être évolué, ce carré est libérateur, le ramenant à de plus humbles prétentions. La richesse — ou plus simplement la prospérité — est un piège pour notre nature égocentrique qui finit par se complaire dans une attitude blasée ou suffisante. Uranus par le carré remet tout en question et l'intime de placer sa fierté ailleurs que dans l'autosatisfaction ou la gloire.

Avec Jupiter carré aux Nœuds lunaires ou rétrograde dans le natal, Uranus va le forcer à trouver les opportunités d'expansion qui lui font défaut et par là, forcera sa détermination, son enthousiasme. La foi peut lui manquer à cette période, mais le dernier carré passé, l'individu aura la preuve que s'il y met du sien elle peut abattre des montagnes.
Avec Jupiter au Nœud sud dans le natal, ce carré peut coïncider avec la fin d'une période de prospérité matérielle.
L'être doit aller vers son Nœud nord humblement en délaissant les choses du passé.
Avec Jupiter au Nœud nord, Uranus remettra les pendules à l'heure en faisant entrevoir à l'individu quelles sont ses réelles possibilités de croissance, sur le plan intellectuel comme sur le plan spirituel.

Comment le positiver ?

Tout d'abord en étant à l'écoute des autres et ouvert aux nouvelles techniques, à l'avant-garde, aux idées futuristes.
L'avis des jeunes est à prendre en compte, de même que les idées provenant des pays étrangers.
Le mot clé est innovation. On doit réviser ses bases, remettre en cause certaines pratiques devenues improductives ou ne favorisant pas la croissance.
Dans notre profession, on peut se doter de nouveaux moyens, techniques comme promotionnels.
Pour une personne engagée dans une voie spirituelle, cette période peut être l'occasion de découvrir les concepts religieux ou mystiques des pays étrangers.

URANUS CARRE A SATURNE NATAL

Dans ce cas particulièrement, c'est de la manière dont nous aurons utilisé notre Saturne avant le carré que ce dernier sera plus ou moins bien vécu.
Ici le novateur rencontre la tradition. Uranus va mettre en question la stabi-

lité représentée par Saturne. En imageant, c'est un peu l'histoire des trois petits cochons et du grand méchant loup : si notre Saturne est solide, il résistera aux événements soudains provoqués par Uranus. S'il n'est pas assez structuré, il s'écroulera et cette période du carré sera éprouvante à plus d'un titre. Généralement c'est, en analogie avec la maison X qu'il gouverne, notre situation sociale qui va éprouver cette métamorphose.
Saturne représentant également l'éducation reçue et le potentiel de connaissances acquis au fil des ans, nous aurons à réviser certains concepts durant cette période, qui s'étale sur douze à dix-huit mois suivant les rétrogradations.
Uranus n'est généralement pas tendre avec notre Saturne natal, sans doute parce que celui-ci résiste à la nouveauté, ayant pour fonction principale de fixer les choses. Mais, nous le verrons en fin de chapitre, il est parfois possible de le faire changer d'avis.

• *Sur le plan physiologique*, cet aspect est assez dangereux pour les natifs ayant Saturne carré au Soleil, Lune ou Mars dans le natal. D'une manière générale, les os et la colonne vertébrale sont particulièrement visés.
En conséquence, il est déconseillé de prendre des risques en pratiquant les sports de montagne durant cette période.
On peut repérer, à l'aide des Ephémérides, les périodes dangereuses concernant notre Saturne natal (surveiller les carrés de Mars).

• *Le plan psychologique* est relativement moins touché par cet aspect. Tout au plus aurons-nous un caractère plus instable durant cette période, manquerons-nous de sérieux dans nos affaires et de persévérance dans notre travail.

• *Sur le plan événementiel*, il n'est pas rare d'assister à la remise en question de notre position sociale ou, dans certains cas, à l'anéantissement de notre carrière. Pour un chef d'entreprise son autorité sera contestée, des événements imprévus peuvent causer de sérieux dommages dans son entreprise.
Des investisseurs étrangers peuvent tenter de le déstabiliser ou ses employés entamer une série de grèves.
Notre maison ou notre appartement peuvent subir des dégradations, les murs et la toiture se dégrader, voire s'écrouler ; affaissements de terrain, inondations, etc. sont possibles sous cet aspect, mais il y faut d'autres transits.
Des événements politiques peuvent toucher le secteur professionnel et les agitations sociales avoir des répercussions sur notre situation.
On peut également sous cet aspect changer de parti politique ou se laisser influencer par de nouveaux leaders. Il sera préférable d'attendre la fin du carré (six à huit mois après) pour être sûr de la voie choisie.

• *Sur le plan spirituel et karmique*, cet aspect coïncide avec la fin d'une période de stabilité, stabilité que l'on croyait acquise et durable. Notre place dans l'échelle sociale, notre autorité au sein de la famille ou du groupe de travail auquel on appartient ne sont pas immuables. Nous le savons mais l'oublions le plus souvent. C'est ce que nous rappelle Uranus par ce carré. Rien dans ce monde n'est définitif.
Si avant le carré nous avions prévu d'étayer nos bases, prévenu les risques de déstabilisation, réparé — à un niveau plus matériel — la toiture défectueuse, le carré d'Uranus sera moins grave et nous donnera l'occasion de restaurer, d'innover, de consolider.
Si, en revanche, nous avions négligé de parer à ces éventualités en remettant toujours à demain ce que nous aurions pu faire avant (Saturne, c'est le temps), le carré d'Uranus peut s'avérer assez dommageable.

Comment le positiver ?

Comme il est écrit plus haut, par la prévention.
Si nous sommes avertis de l'échéance (et l'astrologie nous donne ce moyen), nous pouvons non seulement limiter les dégâts mais également être le précurseur, l'avant-gardiste qui trouve les moyens d'innover sans remettre en question les bases, la tradition. On peut, par exemple, rénover son habitation : traiter les charpentes, isoler le grenier, consolider les murs et les décorer, refaire l'installation électrique qui commençait à dater, etc. Saturne concernant notre savoir, nous pouvons nous intéresser aux nouveaux courants de pensée, aux mœurs des pays différents du nôtre, à l'architecture moderne, etc.

URANUS CARRE A URANUS NATAL

Cette planète faisant le tour du zodiaque en quatre-vingt-quatre ans, les âges où Uranus est en carré à lui-même sont ceux de 18-20 ans, et de 60-62 ans environ.
Si le carré croissant correspond à une prise de conscience de notre individualité et à une émancipation vis-à-vis de notre groupe familial ou amical, le carré décroissant semble ramener l'être à l'essentiel. Il n'est pas rare en effet qu'à la soixantaine, l'individu essaie de rassembler autour de lui les personnes ayant beaucoup compté dans sa vie ou encore constitue un noyau de retraités tout en conservant son libre arbitre, sa personnalité propre.

• *Du point de vue karmique*, il semblerait que l'on tente de rassembler sa famille karmique avant de devenir trop âgé.
Pour en revenir au carré croissant, cette période est d'autant plus importante

pour l'individu que le retour des Nœuds lunaires à leurs positions initiales lui correspond (vers l'âge de dix-neuf ans).
Ce retour des Nœuds lunaires à leurs positions natales nous montre la voie à suivre pour nous réaliser en tant qu'individu unique, ce que le carré d'Uranus à lui-même appuie par cet aspect. Par le carré Uranus brise en quelque sorte le cocon sécurisant que constitue la famille, les amis.
Ceux-ci, sentant que l'on est prêt à voler de nos propres ailes, s'éloignent progressivement ou bien s'opposent à nos vues personnelles.
C'est l'âge de l'émancipation où l'on se démarque par rapport à l'entourage, le plus souvent de façon maladroite mais qui révèle notre vraie nature. Si nous gardons pour la plupart la nostalgie de cette époque, c'est parce que nous étions plus authentiques, plus originaux malgré notre inconscience et notre vulnérabilité.
C'est en effet l'âge des remises en question, celui où l'on refait le monde en une nuit, où l'on envisage de parcourir la planète en tous sens, où l'on s'intéresse à tout ce qui est d'avant-garde, où l'on vit intensément le présent.
Tout le symbolisme d'Uranus.

• *Sur le plan spirituel et karmique*, Uranus rappelle à l'être unique que nous sommes sa mission terrestre afin que nous évitions de faire partie du troupeau de Panurge. Uranus se satisfait d'un carré à lui-même, étant en phase avec ce souvenir de sa place dans notre carte du Ciel.
A cet âge-là, nous sommes prêts à tout, n'étant pas encore conditionnés par la société et les habitudes du quotidien.
Célibataires pour la plupart, nous sommes conscients de notre singularité, et l'affirmons avec foi et enthousiasme.
C'est pour cette raison que cet aspect est le moins conflictuel des carrés d'Uranus.
Cette planète étant un principe de multiplicité, elle est donc en phase avec les Uranus de nos thèmes qui sont, en imageant, ses enfants. Cette individuation que déclenche Uranus par le carré à dix-neufs ans, porte en fait ses fruits lors du trigone d'Uranus à lui-même, c'est-à-dire vers l'âge de vingt-cinq ans.
Et ce n'est pas un hasard si Jupiter entame là son deuxième cycle, lui apportant opportunités et enthousiasme.

Comment le positiver ?

Une des meilleures manières de le positiver, c'est encore de partir : Uranus nous invite à l'aventure, aux voyages, à la découverte d'horizons nouveaux. Sinon prendre une chambre de bonne, changer de ville, bref... changer de vie.

Au terme de cette période de douze à dix-huit mois, nous aurons mieux cerné les créneaux dans lesquels nous pouvons trouver notre voie et nous réaliser de manière individuelle.

URANUS CARRE A NEPTUNE NATAL

Avec les carrés à Neptune et Pluton natals, nous abordons les aspects concernant plusieurs générations, du fait de la lenteur avec laquelle se meuvent ces deux planètes.
Globalement, cet aspect amène des événements, des changements le plus souvent en désaccord avec nos idéaux. Tout semble alors aller à contresens de nos espoirs et aspirations. Nous pouvons être exilés ou soumis à une fatalité concernant la patrie (les personnes ayant eu plus ou moins vingt ans pendant la Seconde Guerre mondiale subissaient à l'époque un tel aspect).
Il peut être question également de reconversion politique ou religieuse. Mais celle-ci ne se fera pas de bon gré, l'entourage du natif ou les événements du moment influençant le jugement personnel. La foi peut être ébranlée et le doute s'installer insidieusement dans notre psyché durant cette période. Nous devenons très sensibles au climat collectif et impressionnés par la misère ou l'injustice.
Au positif, cet aspect nous rend hypersensibles et intuitifs. Cette lucidité nous semblera parfois cruelle, remettant en cause nos idéaux, mais elle participera de leur évolution.
Sur le plan spirituel et karmique, ce carré d'Uranus aux Neptune de toute une génération est une échéance du destin pour celle-ci. Il existe un karma collectif, un karma de génération, de même qu'il existe un karma de race, de civilisation.
C'est une démultiplication dans le temps des horloges cosmiques, qui nous échappe encore mais qui n'en est pas moins réelle.
Uranus arrive en carré à Neptune et règle ainsi certaines « dettes » du passé ou réactualise les idéaux des natifs. Ces idéaux ont pu être développés dans de récentes incarnations.
Ceux que nous partageons inconsciemment avec nos contemporains (qui ont notre âge essentiellement) font partie d'un processus entamé il y a plusieurs incarnations.

Ainsi, pour les générations ayant *Neptune en Vierge* (nées entre 1928 et 1943), le carré d'Uranus s'est produit entre 1981 et 1988. Période critique de la crise mondiale, affectant en premier lieu les techniques traditionnelles et le secteur du travail, liés au signe de la Vierge.
Les anciennes valeurs sécurisantes (agriculture, médecine, industries) se révélaient limitatives, voires obsolètes.

Les natifs de ces générations eurent beaucoup de mal à s'adapter aux changements apportés par l'informatique, les médias et les nouvelles techniques de l'audiovisuel.

Pour les générations ayant *Neptune en Balance* (nées entre 1943 et 1956) le carré d'Uranus se produit entre 1988 et 1995. Pour ces natifs, pour qui les valeurs de paix, de l'amour et de l'harmonie sont importants, cette période de l'histoire est celle de la désillusion. Il leur faudra patienter jusqu'en 1996 pour retrouver ce climat, plus conforme à leurs idéaux (Uranus rentrera alors en Verseau, au trigone de leur Neptune natal).
Au positif, cette échéance leur permet d'innover dans le domaine des arts et d'évoluer dans la compréhension des rapports humains. Si le fond de naïveté disparaît, la gentillesse et le charisme continuent quand même de se développer en eux.
Dans certains pays du globe cependant, cette génération aura à subir l'exil ou les dures conditions de l'état de guerre.

Pour les générations ayant *Neptune en Scorpion* (nées entre 1956 et 1970), le carré d'Uranus à leur Neptune se produira entre 1995 et 2002.
Ces natifs, qui rêvent d'un monde économiquement sain leur offrant les moyens de vivre aisément, vont être à leur tour obligés de réviser leurs idéaux. L'état de la planète en cette fin de siècle sera loin de la prospérité et de l'équilibre économique !
Néanmoins, ils pourront en profiter pour élaborer de nouveaux programmes concernant la gestion des biens communs ou innover (au moyen de l'informatique) dans le domaine de l'économie.
Dans un tout autre registre, ce carré les incitera à communiquer leurs visions intérieures provenant de leur forte médiumnité. Le contact aisé dont ils bénéficient avec l'au-delà et les mondes invisibles (surtout ceux et celles ayant Neptune en maisons VIII ou XII) pourrait servir à leurs contemporains dans le but d'une véritable transformation de l'homme.

Ceux qui ont *Neptune en Sagittaire* dans leur thème natal (nés entre 1970 et 1984), vivront ce carré d'Uranus entre 2002 et 2009. Ils seront sans doute confrontés à la morale et aux lois qui émergeront à l'issue de la crise de cette fin de siècle.
Eux qui rêvent de grands espaces, de liberté et de voyages interplanétaires, il est certain qu'ils perdront patience devant la lenteur des choses. Ils devront sans doute mettre la main à la pâte et forcer l'esprit d'entreprise qui sommeille en eux.
La foi et l'enthousiasme qui les caractérisent auront tôt fait de relancer les idées grandioses d'où émergera le monde de demain, celui du nouvel Age.

URANUS CARRE A PLUTON NATAL

Il est nécessaire avec un tel aspect de cerner de façon objective et honnête ce que représente Pluton dans notre thème natal.
Il s'agit en effet de remettre en question l'aspect le plus occulté de notre psyché. Pluton étant en analogie avec les instincts les plus primitifs de l'être, le carré d'Uranus se vivra différemment selon la maison qu'il occupe dans la carte du Ciel.

Ainsi avec Pluton *en maison* I, nous aurons à remettre en cause notre agressivité non avouée et notre autosatisfaction profonde. L'entourage nous renverra l'image d'un ego mal placé ou mal accepté.

Avec Pluton *en maison* II, des événements soudains peuvent provoquer des pertes d'argent ou affecter directement nos biens, nos valeurs immobilières. Nous réaliserons ainsi de façon parfois cruelle que nous devons mettre un frein à notre boulimie de plaisirs matériels.

Avec Pluton *en maison* III dans le natal, le carré d'Uranus peut nous inciter à abandonner nos études ou nous amener quelques déceptions de la part d'amis proches, des frères ou sœurs. Ou bien nous pouvons être touchés profondément par des ennuis concernant ceux-ci.

Avec Pluton *en maison* IV, nous avons soudain envie de fuir l'atmosphère pesante du foyer, ou bien nous la subissons et les événements peuvent toucher notre habitation ou nous révéler un secret familial très longtemps tu.

Avec Pluton *en maison* V dans le natal, il peut être question d'une séparation brutale ou d'un divorce dont les enfants subiront les conséquences. L'entourage se liguera contre notre tempérament mégalomaniaque.

Avec Pluton *en maison* VI, des accidents sont possibles sur le lieu de travail (il faut bien sûr d'autres aspects). Nous pouvons être victimes d'un licenciement collectif et ne serons guère aidés par les institutions en place.

Avec Pluton *en maison* VII, notre partenaire est malmené par les événements qui ressemblent à des coups du sort. Si nous sommes célibataires, nos associés ne pourront nous aider efficacement.
Il peut s'agir également d'une période trouble dans notre ménage ou l'immixtion d'une tierce personne nous posant de sérieux problèmes.

Avec Pluton *en maison* VIII dans le natal, de graves trous dans le budget ou des dépenses imprévues peuvent survenir dans cette période. Des sommes importantes qui nous sont dues peuvent être bloquées ou carrément annulées. Il peut s'agir d'un décès dans l'entourage, mais il y faut d'autres transits.

Avec Pluton *en maison* IX, nous pouvons être confrontés à l'incompréhension des autochtones lors d'un voyage ou subir un vol. Nous serons malmenés dans notre foi, nos croyances.

Avec Pluton *en maison* X dans le natal, des révélations peuvent être faites sur nos agissements secrets. L'entourage risque de nous trouver opportuniste à l'excès. Nous pouvons nous laisser influencer par des personnes à la moralité plus que douteuse.

Avec Pluton *en maison* XI, d'aucuns nous trouveront trop secrets, déprimants ou négatifs durant cette période. Nous pouvons changer d'optique par rapport à nos projets, même si cela nous coûte de tout recommencer à zéro. Un nouvel entourage apparaît qui occulte l'ancien.

Avec Pluton *en maison* XII, le psychisme et la santé sont en général très menacés. Il est nécessaire de vivre au grand air, avec un entourage de personnes pleines de foi et d'attentions.

Le lecteur replacera de lui-même ces tentatives d'interprétation par rapport à son Pluton natal, les aspects qu'il reçoit et la maison qu'il gouverne.

Comment le positiver ?

En étant intègre vis-à-vis des autres et clair par rapport à soi-même. Uranus vient par le carré mettre en évidence le côté le plus caché de l'être. Il fait office ici de révélateur, ce qui n'est pas pour plaire à tout le monde.
Il faut donc accepter de se dévoiler, surtout à soi-même, à sa conscience, afin que l'âme juge ce qu'il est bon de garder et ce qu'il est sain de délaisser.
On peut faire appel à son Neptune qui, en faisant la lumière sur les angoisses et les contradictions de chacun, permettra la rédemption. La méditation, le jeûne, l'ascèse sont conseillés pour les personnes engagées dans une voie spirituelle.

URANUS CARRE AUX NŒUDS LUNAIRES

Lorsque Uranus arrive au carré des Nœuds lunaires, surviennent des événements qui nous placent devant un choix en rapport avec les expériences déjà assimilées (Nœud sud) et celles à venir (Nœud nord).
Ces événements sont de la nature même de notre Uranus natal, lequel cherche sa place à ce moment crucial de notre existence. Si le carré intervient à

l'adolescence, il peut être vécu d'une manière anarchique, révoltée. S'il survient à l'âge adulte, il déclenchera une sorte de récapitulation des expériences du Nœud sud, avec tout ce que cela comporte comme événements, liés à notre entourage dans le passé (actuel ou « antérieur »).
Cependant nous rencontrerons dans le même temps des personnes nous offrant les opportunités d'aller vers notre devenir (Nœud nord). Ce transit, qui n'excède pas 2° d'orbe avant et après le carré exact, amène un climat psychologique assez tendu.
Durant les quelques mois que dure ce carré, l'individu ne sait plus sur quel pied danser. Le passé nous pose quelques problèmes et le futur nous interpelle avec insistance.

• Si Uranus est conjoint au *Nœud sud dans le natal*, cet aspect peut réveiller des talents insoupçonnés, héritage des vies précédentes. Intervenant vers l'âge de vingt ans, il correspondra à une période d'émancipation nécessaire à l'expansion du savoir antérieur.

• Si Uranus est conjoint au *Nœud nord dans le natal*, cette échéance du destin peut être une véritable révélation. La seconde partie de vie n'aura rien à voir avec la précédente. L'être aura appris à vivre son authenticité, à se singulariser.

Tout cela est à resituer bien sûr par rapport au thème natal dans son ensemble. Uranus est tellement particulier à chacun et les Nœuds lunaires si personnels qu'il est difficile de dégager une idée globale de ce carré[1].
On peut retenir simplement qu'Uranus se situe ici entre notre passé et notre futur, et qu'il déclenche des événements nous préparant à une nouvelle orientation de notre destin.
Cependant rien ne nous certifie que nous irons dans le sens de notre Nœud nord ou celui de notre Nœud sud...

[1] Lire dans la même collection l'ouvrage de Laurence Larzul et Patrick Giani *Les Nœuds lunaires*.

Les deux fonctions de Neptune

La fonction positive de Neptune est, en cette fin de siècle, moins évidente du fait que cette planète est en quelque sorte reléguée à l'extrême limite du système solaire depuis que Pluton en 1969 a croisé son orbite en s'approchant du Soleil. Cet état de fait durant jusqu'en 2009 — date à laquelle Pluton retrouvera sa place de dernière planète du système solaire —, notre inconscient aura tendance à confondre les valeurs de Pluton et de Neptune, ce qui dénature quelque peu les qualités de cette dernière. Si Neptune par ses aspects nous fait entrevoir une certaine image du bonheur, la sensation diffuse de l'unité de toute chose, c'est qu'il y a forcément une vérité à comprendre.

Le sens généralement accordé à Neptune est la foi. Le sens religieux, le sentiment d'appartenance à quelque chose de plus grand, la perception d'une force invisible sont du domaine neptunien. La sérénité, l'extase, la symbiose que l'on éprouve devant un paysage ou dans l'intimité d'une relation sentimentale font partie de la fonction positive de Neptune. Seulement, à l'image de son aspect physique, cette planète a deux aspects dont il faut tenir compte, et nous verrons qu'elle n'entretient de bonnes relations avec notre psyché que si nous sommes profondément sincères et clairs, avec les autres comme envers nous-mêmes.

Depuis que la sonde *Voyager II* nous a transmis les superbes images de cette planète, nous avons l'impression d'un peu mieux la connaître.

Planète d'un bleu intense et entourée de fins anneaux (pratiquement invisibles, comme ceux de Jupiter et d'Uranus), sa surface est balayée par des vents atteignant parfois 2400 kilomètres/heure. Planète de gaz au cœur de glace, elle lutte pour accumuler la matière. Toutes ces nouvelles données nous éclairent, par la loi d'analogie, sur ses fonctions et son énergie propre au niveau du thème astral.

La violence de ses vents, son cœur de glace, nous les ressentons à la fin d'un transit ou d'un carré de cette planète, lorsque nous remettons les pieds sur terre et que nous subissons ce qu'il convient de nommer le désenchantement. Déçus, blessés, nous connaissons alors les tourments de l'âme, les tempêtes

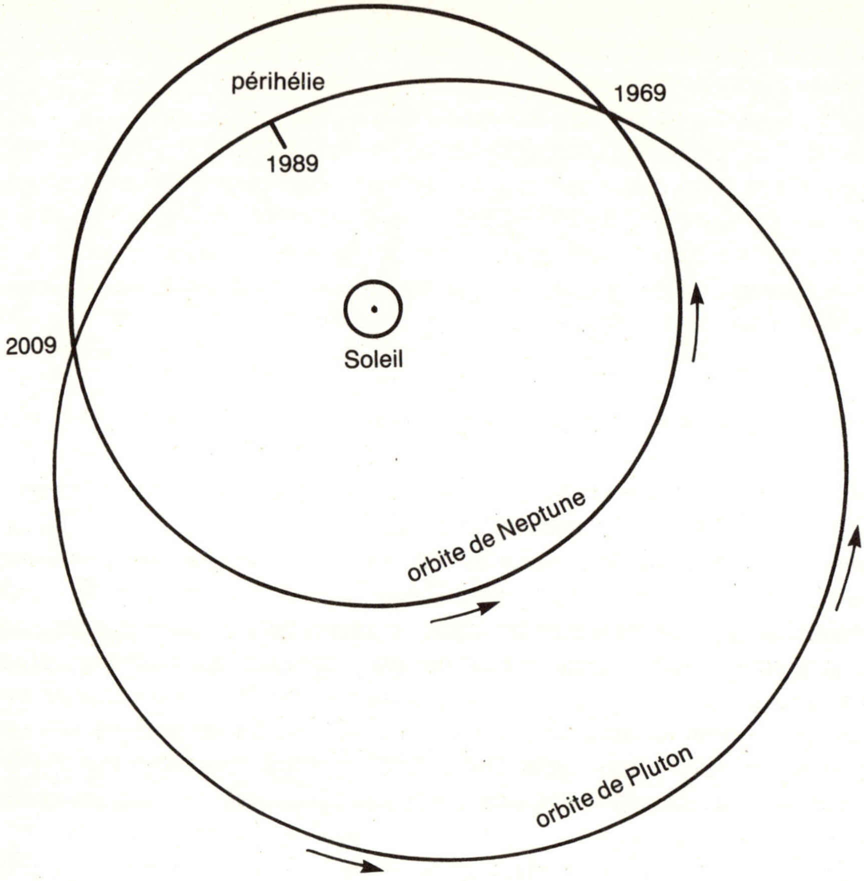

Depuis 1969, et ce jusqu'en 2009, Neptune est la planète la plus éloignée du système solaire, donc de la Terre

de l'esprit. C'est la confusion et l'individu se sent glacé, paralysé, incapable de réagir. Il faut avouer que Neptune a tout pour nous séduire.

Nous nous laissons porter par cette planète, envoûtés par sa présence enivrante. Neptune, c'est une certaine conception du bonheur, mais c'est un bonheur inaccessible. C'est le rêve éveillé, telle une drogue sans substance réelle.

C'est aussi la foi et l'espoir, pas seulement pour notre petite vie mais celle de notre famille, notre entourage, notre pays, notre planète, notre univers.

C'est sur tous ces plans de l'existence que porte Neptune s'il est intégré positivement, et même au-delà.

Dès lors que nous cherchons à tirer profit de sa capacité à masquer les choses, à tromper autrui, à utiliser les apparences, Neptune nous fait connaître tôt ou tard le désenchantement, et c'est un monde au cœur de glace, lent et triste que nous découvrons.
Neptune n'admet ni limites, ni règles, ni lois, car il a les siennes qui lui sont propres. C'est pour cela que toute tentative de vouloir le bonheur en arrêtant les choses par la loi, les dogmes ou le pouvoir est vouée à l'échec (exceptions faite pour les unions où la foi est présente et préservée entre les partenaires).
Neptune c'est l'amour universel et inconditionnel en nous. Et nous le comprendrons mieux lorsqu'il aura rejoint sa place, après 2009, entre Uranus et le lointain Pluton.

NEPTUNE CARRE AU SOLEIL NATAL

Le fait que la planète Neptune soit en analogie avec les océans et la mer (Poséidon et son trident) n'est pas dû au hasard.
De par son immensité, celui-ci a un pouvoir de dissolution que nous retrouvons dans la fonction neptunienne. Dissolution ou symbiose selon l'ensemble du thème natal, la valeur de Neptune dépendant de la dominante et surtout de la valeur de Saturne qui est en quelque sorte son antithèse, son garde-fou.
Saturne structure, solidifie le thème alors que Neptune tend à le distendre. En outre, une majorité de planètes en signes d'Eau ou d'Air conférera une plus grande importance à Neptune dans le thème, celui-ci « baignant » dans ces éléments de prédilection.
De façon globale, Neptune carré au Soleil natal nous fait vivre une période où l'imaginaire prend une plus grande place dans notre psyché. Cela peut aller de l'inspiration géniale aux illusions les plus vaines. Neptune est quelquefois très sournois et il s'y connaît à nous faire prendre les vessies pour des lanternes !
Le Soleil représentant la personnalité que l'entourage perçoit, la vitalité et le pouvoir de création, ces trois plans vont être en quelque sorte troublés pendant le carré de Neptune.
Ainsi nos proches nous trouvent de plus en plus étranges, distants ou carrément loufoques. Ils s'étonnent de nos discours nébuleux, de notre esprit facilement distrait ou de certains comportements pour le moins inattendus.
Dans notre tête pourtant tout nous semble normal : nous entrevoyons des vérités sublimes, nous avons des visions proches de la médiumnité et, parfois, nous nous sentons comme auréolés de gloire, entourés d'une aura quasi religieuse.
Il est vrai que Neptune a quelque chose à voir avec la religion. Ce mot vient de *religare* qui en latin signifie « relier » ou de *relegere*, rassembler. Tel est

en fait le sens profond, positif, de Neptune qui en cette fin de siècle tend plutôt à nous présenter son côté négatif. Cela est dû à la proximité de Pluton qui « occulte » quelque peu sa fonction positive.
Lors d'un aspect à Neptune, nous percevons alors la relation intime que nous entretenons avec quelque chose de plus grand, une force qui ne fait pas partie de l'Univers visible.
En fait, il s'agit de la relation de l'homme avec le cosmos, mais bien souvent nous la confondons avec celle qui nous unit à Dieu. Ce n'est pas tout à fait faux, mais les esprits cartésiens que nous sommes ont une idée de Dieu tellement faussée que nous avons inconsciemment tendance à nous comparer à lui — ou lui à nous. Héritage évident de la tradition judéo-chrétienne où il est dit que Dieu a fait l'homme à son image, interprétation au premier degré des textes hébreux.
Neptune a quelque chose à voir avec la foi, et c'est pour cette raison qu'avec un carré de Neptune, nous pouvons être... de mauvaise foi. Duperies, tromperies, erreurs fatales, démagogie sont le lot d'une fonction neptunienne mal intégrée.
Nous pouvons autant induire les autres en erreur qu'être nous-mêmes abusés, devenir notre propre victime. C'est pourquoi il convient de rester prudent lors d'un tel aspect et de réfléchir à deux fois avant d'entreprendre quelque chose qui nous a été suggérée par notre esprit. Celui-ci subit en effet une sorte d'emprise des rêves qui peut le mener aux pires abstractions.

• *Sur le plan physiologique*, cet aspect se traduisant par une tendance à la nonchalance, il est fréquent que la résistance à la maladie soit amoindrie pendant le carré. Les excès de drogues ou d'alcool — y compris les médicaments — peuvent générer des troubles de la rate et du foie. La circulation sanguine est trop fluide et il faut surveiller sa tension artérielle si l'on est fréquemment sujet à des baisses.

• *Du point de vue événementiel*, le carré de Neptune au Soleil natal amène surtout des erreurs de jugement. L'individu croit dire la vérité et il se trompe ; il est persuadé d'avoir raison et il est blessé lorsque quelqu'un lui prouve qu'il a tort. Dans ces cas-là, on trouve toujours mille prétextes pour se justifier. On ne s'est pas trompé ! on « croyait que... ». Si le Soleil se trouve en signe d'Eau, cet aspect peut être assez perturbateur.
Il peut amener de sérieux troubles de la personnalité, le conscient du natif n'arrivant pas à faire surface. Il lui faut sans cesse se raccrocher à la réalité tangible des choses et des gens. Cela peut s'avérer très pénible.
Si le Soleil natal est en signe d'Air, il deviendra rêveur, idéaliste et aura tendance à laisser faire les choses, à se faire prendre en charge. Si Neptune est en conjonction ou carré au Soleil dans le natal et dans une maison mutable, cet aspect peut amener une perturbation totale de la personnalité, voire une perte momentanée d'identité.

Ce transit en carré s'étalant sur plus d'un an, cette crise de conscience peut altérer gravement la psyché.
Cependant il y faut d'autres facteurs, et seule l'analyse des aspects à Neptune et au Soleil peut nous renseigner sur la nature de cette crise. Pour des êtres évolués, le carré de Neptune peut les orienter vers des domaines spirituels visant à dépasser le simple stade de la religion : spiritisme, hypnose, régression, etc., mais il est prudent de pratiquer ces disciplines avec une personne de confiance (saturnienne, par exemple).

• *Sur le plan spirituel et karmique*, ce transit de Neptune en carré peut être vécu soit comme une épreuve pour la foi, soit comme une révélation. Neptune pouvant représenter le chef religieux, le gourou, le maître à penser comme le plus sage des vieillards, il convient de le resituer dans le thème pour en tirer telle ou telle conclusion.
Au négatif, il peut nous conduire dans des voies fanatiques (sectes, partis extrémistes), voire malhonnêtes.
Si la tentation est forte de s'adonner aux drogues pendant le carré, il est utile d'être conscient qu'il faudra attendre le prochain trigone de Neptune au Soleil pour s'en dégager (quatorze ans !). Il est question ici de l'héroïne, principalement, dont les ravages sont connus, mais il faut bien sûr d'autres aspects pour confirmer une telle tendance autodestructrice. (Pluton est également présent dans les thèmes de « junkies »).
Au positif, pour les natifs dont la moralité est intacte ou qui sont engagés dans une voie spirituelle, ce carré représentera un défi par rapport à la fonction solaire. L'ego rayonnera de l'intérieur. Même si une remise en question de leur foi ou de leurs croyances subsiste, ils vivront une sorte d'initiation mystique dont ils recueilleront les fruits quelques mois après le dernier carré exact (3 à 4° d'orbe).

Comment le positiver ?

Il nous faut tout d'abord accepter le besoin de transcendance. Tout individu ressent, à une période de son existence, le besoin de s'évader afin d'oublier quelque peu ce corps physique qui nous limite, cette réalité omniprésente de la vie quotidienne.
Par l'expérience de Neptune, nous tendons vers le subtil, le sacré, le magique. Nous avons envie de tomber « sous le charme » d'une personne, d'un pays, d'une situation qui nous amène vers une autre dimension de l'existence. C'est par la sublimation que nous pouvons positiver ce carré de Neptune.
Le Soleil représente le pouvoir de création, Neptune le son, l'image, les voyages sur l'eau.
En offrant à notre Saturne quelque chose de concret, notre Soleil se sentira

alors libre de s'évader dans les abstractions neptuniennes, car il en ramènera toujours quelque chose et ne perdra pas le sens profond de son incarnation. Cela est très important. Le Soleil est le centre du système solaire, il ne peut se laisser décentrer par Neptune trop longtemps: sa lumière deviendrait trop pâle et sa fonction rayonnante n'aurait plus raison d'être. En sublimant sa réceptivité à la lumière neptunienne, l'être s'y réfléchit comme dans l'eau calme d'un lac, mais... sans s'y noyer. Il est donc important de concrétiser ce que nous inspire la lumière de Neptune et c'est Saturne qui peut nous y aider.
Les leçons de Saturne vont être difficiles à intégrer pour les Bélier dont le Soleil est pris en carré par Neptune.
La conjonction de ces deux planètes en 1989 évite pourtant à certains Bélier de se laisser aveugler par les mirages neptuniens. Rêve et réalité se mélangent ici, ce qui les a forcé à réfléchir avant de s'embarquer vers des destinations incertaines.
Neptune, délaissé par Saturne dès 1990, attendra Uranus pour finir le siècle. Ils seront conjoints de 1992 à 1995. Jusque-là, certains Bélier de la fin du signe se sentiront pousser des ailes et de plus en plus bousculés.
Ces deux planètes remettront en question leur nature primaire, impulsive, irréfléchie quelquefois, et leur demanderont d'être un peu plus solidaires.
Rien ne sert de courir il faut... penser à point. C'est la leçon d'Uranus et de Neptune qui, par le carré, feront ressortir leurs qualités de courage et de dynamisme.
Pour concrétiser ce qu'ils en auront tiré de positif ou tout simplement remettre les pieds sur terre, le sextile de Saturne en Verseau à leur Soleil (1991/1994) sera très profitable. De nouveaux secteurs d'activité les concernant auront été créés et ils pourront œuvrer dans un nouvel esprit très uranien.

Pour les *Soleil en Balance*, ce carré de Neptune est actuellement et jusqu'en 1996 problématique. Trop habitués à préserver l'harmonie et la paix autour d'eux, les voilà confrontés aux remous d'une société qui cherche à stabiliser ses idéaux.
En Capricorne, Neptune est soumis à la rigidité saturnienne, ce qui n'est pas mauvais en soi, mais il doit sembler glacial pour les Balance, les obligeant à modérer leurs sentiments envers autrui.
S'il n'est pas possible de rêver, il s'avère néanmoins possible d'élargir la notion d'amour et d'union à d'autres horizons. C'est dans le domaine de l'art — et plus spécialement celui de la musique que la Balance régit — qu'ils peuvent sublimer leur sentimentalisme et leur romantisme.
La musique peut retrouver grâce à leur concours les notions d'harmonie et de mélodie qu'elle a perdu durant le passage de Saturne et Pluton dans leur signe au début des années 1980.

Pour les *Soleil en Scorpion*, c'est à partir de 1996 que Neptune, faisant carré à leur signe depuis le Verseau, les invitera au rêve et à l'évasion.
C'est une très bonne chose pour eux — en tenant compte de ce qui est dit en début de chapitre —, car les Scorpion viendront alors de se libérer de la sourde présence de Pluton, entré depuis peu en Sagittaire.
De ce fait, ils adhéreront sans mal aux nouvelles valeurs du Verseau. Le magnétisme et les pouvoirs occultes développés pendant la période de crise (Scorpion) feront alors surface et Neptune par le carré à leur Soleil les sublimera.
Si de faux prophètes ou d'illuminés notoires peuvent surgir à ce moment-là, la tendance générale sera néanmoins à l'ouverture d'esprit et à l'exploration du subconscient.
L'humanité sera entrée depuis quelques années dans le troisième millénaire lorsque Neptune abordera le signe des Poissons.
Neptune revenant chez lui, dans le signe dont il possède la maîtrise, fera sans doute naître un nouveau sens religieux dans la psyché humaine, héritage de sa conjonction avec Uranus et de son passage dans le Verseau. Les Soleil en Sagittaire auxquels il fera carré se découvriront une nouvelle foi, une nouvelle morale..., mais nous en sommes loin actuellement pour tenter ne serait-ce que d'en saisir l'essence.
Tout dépend de la valeur que les êtres humains donneront alors à la fonction neptunienne. Pluton ayant retrouvé sa place de dernière planète du système solaire (en 2009), Neptune pourra de nouveau illuminer les consciences en retrouvant les valeurs perdues depuis 1969, époque à laquelle Pluton avait intercepté son orbite pour se rapprocher du Soleil.
Octave supérieur de Vénus, nous pouvons espérer que Neptune soit alors le nouveau phare de l'amour pour le plus grand bien de l'humanité.

NEPTUNE CARRE A LA LUNE NATALE

Le monde de l'absolu mettant au défi le monde des émotions, c'est l'un des carrés de Neptune les plus difficiles à maîtriser du fait qu'il met en confrontation les éléments les moins réalistes de notre nature.
Il est en effet déjà difficile de maîtriser ses émotions sans la présence troublante de Neptune ; sauf si la Lune dans notre thème est en signe de Terre, ce qui la rend moins directement perméable à ce qui l'entoure. Elle n'est pas moins vulnérable et il suffit qu'un aspect de Neptune réveille le monde des émotions pour que l'imaginaire prenne son envol — ou s'embrase selon les cas. Si le trigone de Neptune tend à nous rapprocher de nos émotions, de nos rêves, de nos idéaux, le carré tend, au contraire, à nous en éloigner.
Et pourtant, trigone ou carré, le processus au début est souvent similaire : nous voulons rêver ? Eh bien, nous n'allons pas être déçus : Neptune s'y

connaît, lorsque nous nous laissons bercer par ses mirages, pour nous amener vers les rivages insoupçonnés de notre imaginaire. Même si l'on est vaguement conscient d'être déphasé par rapport à la réalité, on se laisse emporter par le courant neptunien, se disant que les plus grandes espérances, les plus profonds désirs pourraient après tout être réalisables. Neptune est quelquefois pernicieux : on ne le sent pas venir, il semble former le carré à la Lune sur la pointe des pieds.
Et pourtant, avec le recul, on s'aperçoit qu'il avait déjà entamé le processus de dissolution quelques mois avant le carré exact (4 à 5° avant environ).

• *Sur le plan psychologique*, on devient très réceptif et le mental est troublé par tout ce qu'il perçoit du monde extérieur. Le principe neptunien recherchant l'unité, on ne fait guère de différence entre ce qui est valable pour soi et ce qui ne l'est pas. Nous perdons de ce fait tout sens critique, nos raisonnements se perdant dans des aberrations métaphysiques qui dépassent celui-ci. Fortement impressionnables, nous nous trouvons désarmés et facilement crédules face à toute situation où l'émotionnel est sollicité. Nous devenons plus passifs, un peu mou, manquant d'à-propos et d'esprit d'initiative.
En fait, nous sommes un peu comme au cinéma : nous assistons au déroulement des scènes de notre vie sans vraiment y prendre part. C'est pour cela que cette période peut être dangereuse, car elle nous invite à l'ivresse des sens et aux rêveries passives où les paradis artificiels et l'alcool peuvent nous entraîner. Marchant « au radar », notre route est de ce fait moins sûre que d'habitude.

• *Sur le plan physiologique*, le carré de Neptune à la Lune se manifeste différemment selon les individus.
Il n'affecte sérieusement la santé que si la Lune natale est en maison VI ou mal aspectée par Saturne, Pluton ou Neptune.
Néanmoins, il faut signaler une tendance à l'anémie, souvent consécutive aux abus de médicaments ou d'alcool.
Les vertiges sont fréquents chez les personnes sensibles.
Les antibiotiques à fortes doses peuvent occasionner des mycoses. A signaler également des risques de noyade ou d'hydrocution (il y faut d'autres aspects, bien entendu).

• *Sur le plan événementiel*, l'hypersensibilité développée pendant le carré peut nous jouer des tours pendables : il est possible de se faire escroquer, signer des contrats à notre désavantage ou se laisser déposséder par une relation que l'on croyait sincère et loyale. Les coups de foudre nés durant cette période se transforment en nuages roses dont il est difficile de redescendre.
Mais avant cela, nous passerons du nirvana total à la mélancolie en alternance. Cela est dû au fait que nous avons tendance à sublimer cette relation, à

vouloir vivre notre rêve à tout prix. Il arrive que le rêve se prolonge après le carré, mais il faudra beaucoup d'amour entre les partenaires qui auront à passer par une phase amère de désenchantement.
Dans l'exercice de nos activités, ce carré incline aux erreurs dues à l'inattention : erreur de date ou d'heure dans les rendez-vous, une facture importante fait poche restante... ou nous omettons de coller un timbre sur l'enveloppe !
Nous faisons des promesses ou fixons des échéances que bien évidemment nous ne tenons pas, nous écrivons des choses confuses, sans queue ni tête. Nous pouvons perdre un objet cher sentimentalement, ou encore nous égarer lors d'un voyage ou d'un déplacement. Suivant le thème natal, il est également possible d'être éloigné de sa mère, de sa progéniture ou ceux-ci peuvent être victimes d'une intoxication, d'une inondation. Il faut naturellement d'autres transits pour confirmer de tels événements.

• *Sur le plan spirituel et karmique*, cet aspect peut, si nous arrivons à démêler le superflu de l'essentiel, nous ouvrir à une dimension supérieure de l'esprit. Si l'individu se dépersonnalise durant ce transit, c'est aussi pour vivre une expérience d'unification avec le cosmos.
On se sent alors en communion intime avec l'environnement et plus spécialement avec ce qui se rapporte à la Nature. Un paysage devient le prolongement d'un rêve, un visage nous révèle le sens magique de la beauté.
Il convient cependant de rester prudent quant aux interprétations que nous donnons à nos visions. C'est seulement après le dernier passage du carré exact que nous saurons si nous n'avons pas trop rêvé (2° au minimum, ce qui équivaut à deux ou trois mois). Sur le plan karmique, on peut comprendre le lien qui attache l'individu à sa mère ou, pour une femme, se laisser envahir par son enfant.
Après le carré exact, il faudra prendre les distances nécessaires pour que les rapports s'équilibrent sans sublimation ni froideur.
Ce qui précède concerne surtout les natifs dont la Lune natale est en aspect aux Nœuds lunaires ou qui est déjà conjointe ou carrée à Neptune dans le thème.

Comment le positiver ?

En exprimant son imaginaire au travers d'un art. Le son et l'image étant du domaine de Neptune, la Lune représentant nos rêves et nos émotions, nous avons mille possibilités d'expression et chacun, suivant son thème natal, trouvera la palette sur laquelle étaler ses dons. En général, on aspire au calme et les musiques classiques, lyriques ou les mélodies douces conviennent mieux à l'état d'esprit dans lequel on se trouve.

La photographie peut être un excellent moyen de positiver cet aspect, l'œil devenant alors une véritable caméra miniature, focalisant sur les scènes insolites, les décors romantiques, les couleurs chatoyantes de la Nature. Les écrivains seront très inspirés durant ce transit, et auront tendance à mettre un peu plus de lyrisme et de poésie dans leurs ouvrages. Un risque de perdre le fil de l'histoire les guette cependant.
En conséquence, les nouvelles et poèmes courts seront plus indiqués durant cette période.
Il est nécessaire enfin d'attendre la fin du carré pour juger de la valeur intrinsèque des œuvres réalisées sous cet aspect. La Lune représentant également le public ou la clientèle, le carré de Neptune peut l'éloigner en effet de l'artiste ou celui-ci décevoir en exprimant des idées trop personnelles, trop floues.
C'est dans les chœurs ou chorales que Neptune s'exprime le mieux : l'unité des voix et la communion des âmes qui rassemble plusieurs personnes se satisfait d'un tel aspect qui transcende le monde matériel pour accéder au divin.

NEPTUNE CARRE A MERCURE NATAL

Neptune lance ici un défi au mental en brouillant toutes les pistes que l'intellect s'était forgé. Le raisonnement logique de Mercure, quel que soit le signe dans lequel il réside, est soumis à un marasme total, à une sorte de dissolution. C'est la confusion. Incapable de se concentrer, de prendre des décisions concrètes, celui qui subit ce carré ne sait plus où donner de la tête.
Mercure étant un transmetteur, celui du Soleil en l'occurrence, il n'arrive plus à communiquer à ce dernier les informations nécessaires à son bon fonctionnement. C'est pour cette raison que l'on doute énormément de soi pendant ce transit. C'est un peu comme si l'on vous coupait le téléphone et que les postiers faisaient grève pendant plusieurs mois. Vous tourneriez en rond ? C'est exactement ce que l'on fait pendant le carré de Neptune à Mercure. Il en résulte une mentalisation excessive qui peut conduire à une dépression dans les cas extrêmes.
Généralement il s'agit plutôt d'une période d'incertitude pendant laquelle tout semble échapper au raisonnement ou au contrôle.
La période qui précède le transit, si nous pouvons le repérer, nous indique les raisons pour lesquelles Neptune va chambouler notre mental. Mais le plus souvent nous minimisons ses effets ou ne le sentons pas venir.
On commence par être de plus en plus distrait dans ses activités, on manque parfois d'objectivité dans les discussions et l'on se surprend à rêvasser. De plus ces rêveries ne présentent pas d'intérêt majeur ou sont de pures abstractions mentales.
Pour les personnes poursuivant des études ou exercant une activité intellectuelle, ce transit est très perturbant. Les idées ne sont pas claires, les erreurs

sont fréquentes et peuvent avoir de fâcheuses conséquences. Les moyens de communication, poste, téléphone, etc., réservent de désagréables surprises : on oublie de poster une lettre importante, on perd son carnet de téléphone ou ses papiers. Tout effort intellectuel devient pénible et l'on n'a qu'une seule envie : fuir les vissicitudes du quotidien. Le rêve ? se retrouver seul sur une île déserte !
Mais tout le monde n'a pas les moyens ni les opportunités de le faire. On travaille de façon bohème, sans entrain et on peut induire les autres en erreur. De même on peut être tenté de commettre des actes illégaux, de falsifier certains documents, voire de les faire disparaître.

• *Sur le plan physiologique*, cet aspect se traduit par une certaine apathie, un manque de réflexe ou de coordination dans le geste. On devient maladroit, les objets s'échappent parfois des mains ou on les égare. Les bronches sont fragilisées (surtout avec Mercure natal en Gémeaux), les systèmes nerveux et hormonal perturbés. Une certaine anxiété peut engendrer des maladies psychosomatiques. On est tellement perturbé nerveusement que des allergies peuvent se déclarer. Tous ces maux restent en général assez bénins et il faut d'autres transits pour qu'ils se révèlent préoccupants.

• *Sur le plan spirituel et karmique*, le carré de Neptune à Mercure concerne l'aptitude de l'individu à intégrer de nouvelles données sans logique apparente. Mercure représentant l'intellect et le raisonnement conscient, Neptune agit là comme un perturbateur, un brouilleur de pistes. Il met à l'épreuve les applications concrètes de l'intellect en remettant en cause leur logique propre. Ainsi, pour celui qui suit des études sans grande conviction, Neptune va le détourner de sa voie et le décourager. Si au contraire il étudie sérieusement, il va introduire dans son mental des données irrationnelles qui vont remettre en cause les connaissances jusque-là acquises.
Ce qui peut déboucher, après le transit exact en carré, sur une orientation nouvelle des études, épurées de tout principe cartésien ou conformiste.
Il conviendra cependant de faire le tri entre ce qui tient la route et ce qui est pure abstraction.
Si Mercure est rétrograde dans le natal, Neptune va le projeter dans le passé — l'enfance et les problèmes d'adaptation à l'école — ce qui peut renouveler les blocages antérieurs. C'est en suivant sa progression directe (1° égale un an) sur les éphémérides que nous verrons à quel âge cette introspection va donner ses fruits. Si Mercure dans le natal est en aspect aux Nœuds lunaires, le carré de Neptune sera l'occasion de se prouver qu'intellectuellement on est capable de remettre en cause ses connaissances.
Après le dernier carré exact, Mercure retrouvera ses facultés de logique et de discernement. Suivant les natifs, l'orbe ira de 3 à 6°, ce qui équivaut à trois et six mois environ.

Comment le positiver ?

Les difficultés éprouvées durant ce transit à se concentrer sur la lecture nécessitent que nous nous orientions vers d'autres sphères. Neptune étant en rapport avec l'image et le son, notre intellect est plus habilité à recevoir des informations par ces moyens.
Attention aux fausses manipulations dans l'informatique ! Il est prudent de sauvegarder le plus possible. Mais « qui ne tente rien n'a rien », et certaines erreurs peuvent nous faire découvrir des possibilités insoupçonnées.
L'étude des religions ou des sciences occultes peut être débutée sous un tel aspect, mais à petites « doses ».
Une fois le carré passé et le mental revenu à un rythme de croisière, il sera à même de se remémorer ce qu'il a appris durant cette période. Pendant toute la durée du carré, il est préférable de ne pas se lancer dans des affaires ou des projets nécessitant un gros effort intellectuel. Si les dates ne peuvent être reculées, la plus sage des attitudes consiste à passer la main en avouant franchement que pour le moment, l'on préfère s'abstenir. Nous pouvons nous faire seconder par une personne de confiance ou choisir grâce à l'astrologie les périodes où Neptune nous laisse un peu tranquilles, les aspects positifs des autres planètes à notre Mercure peuvent contrecarrer ses effets.
Il est également recommandé pendant ce carré d'entamer une reconversion professionnelle. La période la plus propice pour débuter un stage est celle d'après le dernier carré exact. Mercure, ne subissant plus les brouillards neptuniens, progressera très vite en révisant de lui-même les connaissances nouvelles dans un mental dégagé de tout superflu.

NEPTUNE CARRE A VENUS NATALE

Vénus représente dans notre thème la qualité et la puissance de nos sentiments, la façon dont nous les exprimons et les valeurs attachées à ce que nous aimons. C'est donc sur ces plans-là que Neptune par le carré va jouer.
Jouer n'est pas un vain mot pour cette planète qui connaît tous les labyrinthes par lesquels elle peut faire passer notre esprit. Dans le cas de Vénus, Neptune par le carré joue un peu au Sphinx : il pose une belle énigme et nous avons très peu de chances de la résoudre. Si le reste du thème est solide et que Vénus est intelligente, les probabilités de chance d'y arriver seront plus grandes. Mais généralement ce carré amène des illusions dans le domaine amoureux. Pourquoi ? Si Neptune prédispose aux mirages, c'est parce que nous le voulons bien à ce moment-là !

• *Sur le plan sentimental*, que nous soyons célibataires ou déjà liés avant le transit exact, nous avons formulé intérieurement le vœu de vivre une rela-

tion exceptionnelle, loin des vicissitudes de la vie quotidienne. Une relation qui ressemble à l'idéal amoureux dont on rêve et dont nous pouvons voir le profil dans notre carte du Ciel.
Vénus est-elle en aspect à Neptune dans le natal ? Nous tomberons alors sous le charme d'une personne qui aura tendance à profiter de notre naïveté, mais nous nous ferons le complice inconscient de son attitude.
Vénus fait-elle un aspect à Pluton ? On risque de sombrer dans une recherche éperdue des fantasmes, des désirs pervers. C'est après le carré que nous réalisons que certains fantasmes doivent... le rester.
Vénus fait-elle un aspect à Jupiter ? Nous risquons de dépenser beaucoup d'argent pour des amours sans lendemain ou glisser vers des excès de gourmandise, etc. Quoi qu'il en soit, cette période sera perturbante à la fois sentimentalement et pécunièrement, l'esprit étant plus occupé à des rêveries toutes personnelles qu'à la gestion des biens.
Ce que l'on cherche c'est l'unité, la fusion totale avec l'autre. Si l'on tombe amoureux pendant cette période, on trouvera chez le partenaire toutes les qualités dont on voudrait le voir paré.
Ressentant cette sublimation de sa personne, celui-ci revêt effectivement l'aura de lumière projetée sur lui et, par effet de réflexion, on lui offre alors la meilleure image de soi.
Mais cette fusion, cette unité, si elle semble exceptionnelle au début, ne tient en général pas plus que la durée du transit en carré. Personne n'est parfait et, le mirage dissipé, ne restent qu'une vague sensation d'échec, l'impression d'avoir été berné, trahi, alors que l'on est responsable pour une large part. On ne peut en vouloir à quelqu'un de s'être laissé prendre pour un dieu ou une déesse.
Il est possible — tout est possible avec Neptune — que la relation dure après le carré. Si le charme estompé, Saturne vient concrétiser la relation par un aspect concernant les deux thèmes, la situation exceptionnelle vécue sous le carré servira de base harmonieuse au nouvel amour.
Certains mystiques peuvent avoir des visions, connaître une véritable extase religieuse durant ce transit, mais tout de suite après ils retrouveront leur humilité, leur sagesse et leur soumission aux lois de l'Univers.
Octave supérieur de Vénus, Neptune ne dicte pas ses lois à Vénus, il les lui souffle...

• *Du point de vue physiologique*, ce transit peut être problématique pour la femme. Des risques de grossesse nerveuse existent ainsi que la formation de graisse ou de petits kystes. Elle peut vivre une relation platonique ou se laisser séduire par un beau parleur, un étranger de passage ou lors d'un voyage sur l'eau.
Si Neptune et Vénus sont bien aspectées dans le thème natal, cette période peut être propice à une croisière ou un voyage dans les îles. On risque cepen-

dant d'être confronté à des événements insolites : méfiance des autochtones, fanatisme religieux, influence pernicieuse d'un gourou, d'une secte ou encore se laisser dérober une partie de son argent (il faut, bien sûr, d'autres transits).
Au positif, on peut tomber sous le charme d'un pays et vouloir y refaire sa vie. Il faudra attendre la fin du dernier carré pour savoir si cela est réellement souhaitable. On peut également sous cet aspect être éloigné de la personne aimée pour raison professionnelle ou de santé.

• *Sur le plan spirituel et karmique*, ce carré de Neptune est révélateur du potentiel d'amour sincère que l'on porte en soi. Neptune étant l'octave supérieur de Vénus, c'est un peu comme si Neptune disait à cette dernière :
« On va voir si tu es capable de grandeur d'âme,
on va voir si tu sais ce qu'est réellement l'amour,
si tu ne le confonds pas avec l'amour-propre ».

Car c'est la symbiose, l'unité des deux cœurs que réclame Neptune. Si l'un ou l'autre est faible, le charme sera rompu. Si Vénus est conjointe au Nœud sud dans le natal, le carré de Neptune peut être révélateur de faiblesse, de naïveté qu'il faut transcender en s'éloignant d'une relation ambiguë ou dont on subit l'emprise psychologique. Si Vénus est conjointe au Nœud nord, cette expérience est destinée à éprouver la force réelle des sentiments. En soumettant la Vénus au mirage de l'amour, Neptune permet au cœur de devenir plus lucide après le transit et ainsi de tendre vers l'authenticité.
Avec Vénus carrée aux Nœuds lunaires, le passage de Neptune à l'un ou l'autre des Nœuds détermine une rencontre karmique vécue sous le mode neptunien.
Ce peut être une « dette » qui se règle, mais aussi une révélation. Seule l'étude du thème dans sa globalité peut nous éclairer à ce sujet.

Comment le positiver ?

En restant tout d'abord le plus possible lucide (c'est assez difficile) quant à la situation. Neptune affectant également les finances personnelles (Vénus) il faut veiller à tenir à jour ses comptes et éviter de faire des folies que l'on regretterait après. Il est préférable (si l'on peut choisir) que la période du carré exact corresponde à une période de vacances ou de non-activité. Le climat neptunien affectera moins les secteurs de la vie quotidienne qui peuvent être déstabilisés pendant cette période. Vénus étant en rapport avec nos valeurs personnelles, on peut sublimer ce carré en améliorant sa demeure ou en décorant son intérieur. On peut se découvrir une passion pour les plantes. La photo de charme, l'enregistrement de musiques mélodieuses, le tournage d'un film (court-métrage) d'amour peuvent être une excellente manière de vivre ce carré. On peut être subjugué par une langue étrangère et débuter son étude.

Enfin ce transit, pour un mystique ou une personne engagée dans une voie religieuse, peut concerner une remise en question de sa foi, des valeurs qu'il accorde à ses croyances.

Une reconversion est possible, mais il est prudent de prendre du recul et de laisser Saturne, le maître du Temps, solidifier ces nouvelles convictions par ses transits ultérieurs.

Après le dernier carré, on saisira la véritable portée des visions et des états d'âme entrevus, et la foi ne peut en être que renforcée.

En dépassant le stade primaire de l'illusion neptunienne, le potentiel d'amour que représente Vénus en nous peut atteindre ce haut degré de communion transpersonnelle que représente l'amour de la vie.

NEPTUNE CARRE A MARS NATAL

Les fonctions attribuées traditionnellement à la planète Mars sont l'action, les initiatives personnelles et l'énergie physique. Il s'est avéré que le désir, pour les deux sexes, faisait également partie de ses attributs, représentant la virilité chez l'homme et l'amant chez la femme, dans son sens le plus large.

Suivant la place qu'occupe Mars dans le natal, en fonction des aspects qu'il reçoit, suivant qu'il se situe dans un signe féminin ou masculin, il réagira différemment au carré de Neptune.

Si Mars dans le natal est agressif et que la personne elle-même a tendance à l'être, le carré de Neptune peut l'amener à des actes dénués de logique et de morale. Peuvent s'ensuivre des actes fanatiques, violents ou des accidents dont elle est la principale fautive. Déconnectée de la réalité, devenant nerveuse et paranoïaque, elle risque de perdre la tête et de réagir inconsidérément.

Rixes, disputes, actes insensés entraînant blessures ou mort d'autrui, bref la liste est longue et relève des faits divers que nous lisons quotidiennement dans les journaux. Il faut bien sûr que le thème dans sa globalité soit conflictuel et que d'autres transits interviennent.

Le plus souvent, ce carré de Neptune amène de la confusion dans nos actes et nous induit en erreur dans l'exercice de nos activités.

Neptune, l'idéaliste, se marie très mal avec Mars, l'actif.

Il jette un trouble sur les motivations qui poussent l'individu à agir. En conséquence, il l'affaiblit, l'incite à la paresse ou aux actes confus, absurdes, voire même insensés.

• *Sous un tel aspect*, tout effort physique ou intellectuel nécessitant de prendre des initiatives est pénible. On perd courage, car toute action semble vaine ou vouée à l'échec.
Face à cette confusion, on cherche des solutions pour s'en sortir et l'on peut devenir opportuniste à l'excès. « Les coups de fric » faciles, les affaires louches, les gains aux jeux prohibés de même que les escroqueries en tout genre peuvent tenter. Le sens de la morale que représente Neptune dans son aspect positif n'arrive pas à persuader Mars, le révolté, qui n'écoute que ses désirs immédiats, son impulsivité première.
Certains connaîtront une période où drogues, alcool ou médicaments feront partie de leur quotidien, tentant ainsi d'anesthésier leur inconscient perturbé. Ils se rendront compte après le transit exact que cela n'a fait qu'aggraver les effets du carré. L'être plus évolué sera moins touché par les effets pervers possibles de cet aspect. Assez influençable dans l'ensemble — le dernier qui a parlé semble avoir raison — ne sachant pas très bien quoi faire de ses dix doigts, il peut prendre conscience de cette période de confusion et chercher à démêler les fils de situations auxquelles il se voit confronté.
La lucidité revenant par moments pendant la durée du carré — lorsque Neptune entame sa rétrogradation ou que les transits des planètes mineures aspectent positivement son Mars natal — il réalise que la confusion vient de sa propre attitude fataliste avant le premier carré exact.
Neptune est pernicieux lorsque nous l'employons négativement et il installe un climat de doute bien avant son approche (cinq à six mois avant).
Pour une femme, celle-ci peut tomber sous le charme d'un homme qui peut devenir son amant pour un temps. Ce n'est qu'après le dernier carré exact qu'elle saura si cela peut durer ou non. En général ce genre de liaison est plutôt marginal ou entouré de mystères, de non-dits.
Pour un homme, celui-ci peut se laisser aller à la débauche, à l'ivresse des sens, tentant diverses expériences pour se prouver qu'il est un homme. Le désir et la virilité étant soumis au trouble neptunien, il peut culpabiliser ou encore se perdre dans des relations amoureuses multiples — ce qui ne résout en rien son problème.

• *C'est sur le plan karmique* que cet aspect apporte des explications : il est question ici de culpabilité. Le défi que lance Neptune à Mars fait penser à l'œil de Dieu poursuivant Caïn jusque dans la grotte obscure.
Neptune à l'air de dire à Mars :
« On va voir comment tu vas réagir si je te mets en face de tes propres actes ! » et Mars de se justifier en se trouvant mille excuses : « Ce n'est pas ma faute si... » « Ce sont les autres qui... », etc.

En brouillant ainsi les pistes, en jetant la confusion dans l'esprit du natif, Neptune par le carré met celui-ci en face de ces propres contradictions. Ces

dernières concernent ses initiatives personnelles et la façon dont il met la main à la pâte vis-à-vis de ses contemporains.
Si l'être est découragé devant tant de confusion et qu'il refuse de reconnaître ses erreurs, ses faiblesses, Neptune lui « enverra » toutes sortes de gourous en mal de disciples, de charlatans, d'escrocs qui finiront par lui faire toucher réellement du doigt là où le bât blesse.
Si Mars est rétrograde ou conjoint à Neptune dans le natal, ce carré reproduit une situation déjà vécue dans les vies antérieures et qui doit être transcendée. L'énergie de Mars a pu servir « antérieurement » à des faits de guerre, à la violence ou à des actes dénués de toute morale. En conséquence, il faudra être à l'écoute de sa conscience (voir où est Neptune natal) et rester sur ses gardes.
Si Mars dans le natal est carré aux Nœuds lunaires, cette énergie subira une période de flottement, hésitant entre une activité passée et de nouvelles opportunités d'action qui se présentent. Il faut étudier en profondeur sa maîtrise, les aspects qui le lient à l'ensemble du thème.

Comment le positiver ?

Tout d'abord en gardant les pieds sur terre.
Encore une fois, il faut faire appel à Saturne et à son bon sens. Saturne représentant les lois sociales et la sagesse dans son sens le plus profond, nous pouvons solliciter l'aide de personnes plus âgées (père, oncle, grand-père), dont les conseils seront profitables ou encore un homme de loi de confiance (avocat de la famille par exemple) si la situation évolue dangereusement au niveau administratif ou pénal. Il faut éviter ensuite d'ajouter à la confusion générale en se noyant dans des verres d'alcool ou en absorbant des tranquillisants.
Faire du théâtre ou de la photo peut positiver ce carré. Nous pouvons ainsi exprimer ces états troubles sans que notre intégrité en souffre. Même si les débuts s'avèrent difficiles en raison des erreurs commises, le carré exact dépassé on retrouvera clarté et courage.
Enfin les sports non violents comme le tir à l'arc, le judo peuvent pour une personne dont le Mars est agressif constituer un bon moyen de le canaliser. La pratique du Taï Chi Chuan également, dont la position de base (dos droit) aligne les sept planètes intérieures (*chakras*) le long de l'axe vertébral.

NEPTUNE CARRE A JUPITER NATAL

Si avec un tel aspect on voit les choses en grand, il n'est pas certain que l'on y voit très clair ! le principe neptunien étant celui de la dissolution et celui de

Jupiter l'expansion, il se produit comme une inflation des idéaux. En clair, on a la folie des grandeurs.
Si Jupiter est bien aspecté par Saturne, Mercure ou le Soleil dans le thème natal, cette inflation peut être celle des revenus. On n'hésitera pas alors à dépenser sans compter, quitte à emprunter, la tentation étant forte de jeter de la « poudre aux yeux ».
On peut aussi bénéficier pour un temps d'une chance exceptionnelle mais éphémère : erreurs de virement bancaire en notre faveur, avancement inespéré dans notre secteur professionnel suivi d'un licenciement économique, héritage surprise qui s'avère quasiment nul, etc. Cependant, ce carré ne touche guère les finances du natif directement et, si l'on est un tant soit peu prudent et perspicace, il est aisément contournable.
En revanche, si un aspect dissonant lie Jupiter à Saturne, Mercure ou le Soleil dans le natal, le carré de Neptune peut mener à des affaires frauduleuses ou en marge de la loi pouvant rapporter gros et rapidement, mais dont les retombées sont risquées et imprévisibles. On peut ainsi servir « d'homme de paille », de prête-nom dans une affaire qui devait, en principe, préserver l'anonymat et on réalise après le transit que les promesses n'ont pas été tenues.
On peut aussi influencer quelqu'un en vue d'un coup « fumant » qui s'avère en fin de compte tout à fait « fumeux »...
Suivant le degré de moralité du natif, il peut être victime de manœuvres frauduleuses ou l'instigateur de celles-ci. Plus généralement, ce carré amène des dépenses exagérées, des fuites de capitaux, voire la dilapidation de la fortune personnelle sous des aspects dissonants.

• *Sur le plan physiologique*, il faut se garder d'une certaine exagération au niveau de la nourriture et de la boisson.
N'ayant peu ou pas de limites sous cet aspect, les excès dans ce domaine peuvent conduire non seulement aux troubles digestifs, mais également aux maladies du foie, à la goutte, aux gonflements des vaisseaux sanguins. Des caillots de sang peuvent se former entre certains tissus. Se méfier de certains barbituriques sous cet aspect qui peuvent causer des évanouissements, des pertes d'équilibre.

• *Sur le plan événementiel*, on peut subir l'influence de personnes apparemment honnêtes, au portefeuille visiblement bien garni, qui cherchent à faire partager leur train de vie. Au début de la relation, tout semble rose et l'on serait prêt à croire au miracle, sinon à la chance pure. La nature humaine est telle que nous pensons toujours que la chance et la providence sont tout à fait normales, que c'est un dû.
La providence en fait se mérite et c'est au terme d'un tel aspect que nous le saisissons, lorsque nous comprenons qu'il y a méprise. Nous avons la puce à l'oreille lorsque cet entourage providentiel demande notre contribution ;

nous découvrons petit à petit les dessous pas très nets des mirobolantes affaires qui nous étaient proposées et nous réalisons alors que nous avons failli tout bêtement nous faire avoir (si ce n'est déjà fait). On peut craindre de se faire voler sous cet aspect en raison du manque de prudence qui nous caractérise. Si nous avons contracté un crédit ou demandons un emprunt sous cet aspect, il importe de s'assurer que l'on peut rembourser en temps et en heure, sinon gare à la note !
Enfin, pour une femme, elle peut être tentée de succomber aux charmes d'un beau parleur qui lui propose un pont d'or si elle cède à ses avances (et même le mariage !). Il est préférable qu'elle s'en tienne au stade de la séduction, car il pourrait très bien disparaître comme un voleur à la fin du carré.
(Il faut pour cette éventualité d'autres aspects, de Mars ou Vénus notamment).

• *Sur le plan spirituel et karmique*, cet aspect intervient lorsque nous devenons trop gourmands, trop avides de bienfaits terrestres et surtout lorsque nous voulons en faire le moins possible pour gagner notre pain quotidien.
Neptune nous met alors à l'épreuve en se déguisant en manne céleste. Il nous balance de la poudre aux yeux, nous laissant croire qu'elle est gratuite.
En fait, c'est nous-mêmes qui fermons les yeux sur les moyens, pas toujours honnêtes, par lesquels nous convoitons cette manne. La leçon karmique se présente lorsque nous nous retrouvons sur la paille et que la manne s'est transformée en... eau de boudin. La chance insolente n'existe qu'aux yeux des envieux ou des naïfs. Si elle sourit aux audacieux, c'est parce qu'ils ont compris que l'on n'a rien sans rien.
Si Jupiter est rétrograde dans le natal, ce carré de Neptune peut répéter une leçon karmique mal intégrée. Avec un tel Jupiter, surtout s'il est mal aspecté, il nous est « interdit » de vivre dans l'abondance ou le luxe.
Carré aux Nœuds lunaires dans le natal, Neptune transitant le Nœud sud fera revivre une période antérieure d'instabilité, obligeant Jupiter à tout mettre en œuvre pour se sortir de la misère.
Si Neptune transite le Nœud nord, il demandera à Jupiter de s'engager dans une voie spirituelle et de devenir plus généreux. Il faut étudier le rôle de Jupiter et de Neptune dans le thème ainsi que les transits précédents pour juger de la profondeur de l'engagement.

Comment le positiver ?

En préservant à la fois son identité et... son portefeuille. Nous pouvons faire appel à notre Uranus qui, bien employé, nous gardera indépendants et lucides. Il faut éviter le plus possible de s'intégrer à un groupe dans lequel les rôles et fonctions de chacun sont flous, mal définis.

Si Jupiter est bien aspecté dans le thème natal et que Neptune n'est pas angulaire, on peut faire un voyage qui ouvrira l'esprit. Il faut cependant se méfier des croisières mal organisées et des voleurs à la tire sur les marchés.
Enfin il ne faut pas se fier à l'apparence bénigne du premier passage en carré de Neptune à Jupiter natal.
C'est lors du second passage en rétrogradation que les risques de se faire abuser sont les plus grands.
Chez la personne évoluée spirituellement et dont le Jupiter est bien aspecté, ce carré peut lui faire entrevoir une façon de vivre détachée (ou plutôt dégagée) du monde matériel. Une période d'ascétisme peut en découler.

NEPTUNE CARRE A SATURNE NATAL

Saturne représentant la faculté de recentrage de l'être, Neptune tend par le carré à l'éloigner de son centre. A ce moment de l'existence, on perd de vue ses objectifs réels, ceux pour lesquels on était motivé et l'on se consacre à toute autre chose, croyant bien faire ou pensant que cette étape est transitoire, éphémère.
Ce que l'on oublie, c'est que Neptune nous égare au fil des mois qui passent. Nous perdons en effet la notion du temps, passant d'une situation à une autre, changeant d'activités sans se fixer nulle part, sans s'investir vraiment. Il nous arrive d'accepter des emplois subalternes, indignes de notre réelle valeur. On devient faible et, même si le caractère affiche un peu de fermeté, l'entourage ressent nos hésitations, notre manque de confiance.
Neptune symbolisant la mer et Saturne la pierre, imaginons un instant un galet parmi tant d'autres charrié par les vagues. C'est un peu ce que l'on ressent pendant cet aspect.
Nous ne maîtrisons plus la situation, nous manquons de repères, nous savons que nous nous sommes éloignés des buts à atteindre et qu'il faudra « ramer » pour retrouver notre place au Soleil.
La période précédant le carré est à étudier de près. Suivant les transits qui ont eu lieu dans les mois précédant le carré exact, nous pouvons cerner les raisons pour lesquelles nous en sommes arrivés là.
Si le carré exact est à venir, l'étude de cette période peut nous faire redresser la barre avant. Il faudra cependant le vivre et nous verrons plus loin comment le positiver.

• *Sur le plan psychologique et physiologique*, cet aspect est assez déprimant et peut amener toutes sortes de désordres psychosomatiques. Neptune représentant les liquides dans le corps, Saturne les os et la structure de la peau, c'est le rapport entre ces parties du corps qui pourra causer des ennuis de santé.

Si le Saturne natal est mal aspecté ou en maison VI, on peut craindre la formation de calculs, une distension au niveau des vertèbres ou de l'arthrose. Les rhumatismes sont fréquents sous cet aspect et l'on peut subir une déminéralisation.
En conséquence, les chutes (surveiller les transits de Mars et Uranus) peuvent être assez problématiques, surtout lors de la phase de rééducation. Si dans le natal, Saturne a un rapport avec les pieds, une prédisposition à la goutte est possible. Psychologiquement, les soucis et les responsabilités prennent une proportion exagérée : on ne se sent plus à la hauteur, on devient défaitiste, sujet à de fréquentes déprimes. Ne croyant plus à rien, on devient fataliste, supersticieux, avec l'impression qu'une épée de Damoclès au-dessus de soi est une menace permanente.
La compagnie de personnes âgées ou travailler avec celles-ci n'arrange en rien le moral. Cette période est fréquemment le théâtre d'ennuis avec l'administration ou la loi. On se trouve en marge de celle-ci malgré soi ou faisant partie des déshérités, des laissés pour compte. La situation sociale est floue, les papiers égarés ou pas en règle. On se heurte à la mauvaise volonté des pouvoirs publics avec son cas étudié en dernier, voire carrément oublié. Au niveau professionnel, on peut être confronté à des tâches ingrates ou des travaux rudes, manipuler des liquides salissants ou dangereux. Il existe également des risques d'intoxication, mais il faut d'autres aspects pour le confirmer.

• *Sur le plan spirituel et karmique*, ce carré de Neptune met à l'épreuve notre potentiel d'adaptation à la société.
En général, cette période est précédée d'un laisser–aller dans notre conduite au niveau social. C'est le manque d'ambition ou le refus de s'élever socialement qui amène cette période trouble.
Si nous choisissons la politique du moindre effort, si nous optons pour une solution provisoire ou médiocre, nous récolterons ce que nous avons semé : situation dévalorisante, chômage, emplois intérimaires sans intérêt, etc.
Au niveau familial, ce carré peut amener de la confusion quant à notre rôle de père ou d'éducateur. On refuse notre autorité, car nous ne sommes plus crédibles.
Si, en revanche, nous luttons pour préserver notre intégrité, si nous ne perdons pas de vue nos objectifs, nous pouvons espérer une consolidation de notre position au sein de la famille à la fin du carré (2 à 3°).
Si Neptune décentre notre Saturne, c'est pour le rendre plus adaptable, moins rigide. Les mois qui suivent le dernier carré exact nous voient reprendre confiance en nous, redevenir plus expansifs, moins autoritaires. Nous aurons appris la souplesse et l'humilité. C'est la leçon principale de ce carré.

Avec Saturne rétrograde dans le natal, l'épreuve risque d'être assez pénible. Conscients ou non d'avoir une « dette » à payer envers la société, nous aurons l'impression d'une sorte de traversée du désert. Cela résulte d'un emploi négatif de la fonction saturnienne dans une vie antérieure. Ayant abusé de son autorité ou de sa place hiérarchique, le natif aura à rencontrer pendant ce carré certaines personnes ayant subi son joug ou ses excès de pouvoir.
Si Saturne est carré aux Nœuds lunaires dans le natal et que Neptune transite le Nœud sud pendant le carré, on devra régler un « vieux » litige avec la loi ou l'Administration. Si Neptune transite le Nœud nord, nous traverserons une période d'autant plus floue que rien ne nous indiquera quelle est la voie à suivre. Nous aurons du mal à discerner notre réelle place dans la société, voire dans l'Univers. La solution est sans doute d'ordre mystique ou religieux. Perdant pied avec la réalité de la fonction sociale, nous pouvons nous en remettre à une réalité supérieure, une vision plus abstraite de l'élévation personnelle et y découvrir une planche de salut.

Comment le positiver ?

En cultivant parallèlement aux travaux saturniens auxquels nous sommes contraints, un domaine neptunien dans lequel nous puissions retrouver l'essence des choses. La photographie, la musique, l'archéologie, l'étude de la préhistoire peuvent constituer d'excellents moyens de transcender le réel. Ce qui est important dans cette démarche, c'est de fixer les choses. On ne peut se contenter de survoler un art, il est essentiel de voir le résultat concret de nos efforts personnels. Nous pouvons également nous consacrer à l'étude d'une discipline ésotérique ou préparer une thèse sur les religions, mais là encore il convient d'être rigoureux et de prendre des notes. Nous risquons sinon de remettre en question jour après jour ce que nous aurons appris ou d'oublier les leçons apprises.
Pour une personne engagée dans une voie spirituelle, ce carré peut être révélateur d'une faiblesse de caractère, d'une tendance à la crédulité. Si elle reste lucide sur elle-même, la fin du carré la verra renforcée dans ses convictions. Recentrée, équilibrée, plus consciente de sa place au sein de la société, elle aura compris la leçon de Neptune à son Saturne. Pour atteindre le sommet de la montagne en plein brouillard, il faut à la fois être prudent et avoir une pleine confiance envers les forces supérieures.

NEPTUNE CARRE A URANUS NATAL

Uranus étant un principe d'individuation et Neptune un principe de fusion, il est aisé de comprendre le sens analogique d'un tel carré : hésitation ou conflit entre ces deux pôles de notre psyché.

En clair, on se sent attiré, comme aspiré par un groupe, une collectivité, une association, mais cela nous perturbe car nous avons peur d'y perdre notre identité. Le risque existe et nous le pressentons. Si cet aspect, qui dure presque deux ans, est accompagné d'aspects harmoniques de Jupiter ou Saturne, nous pouvons espérer que la fusion ne se fera pas au détriment de nos objectifs propres. Si ce n'est pas le cas, il vaut mieux se méfier durant cette longue période de tout emballement pour des projets collectifs dans lesquels notre place ne sera pas clairement définie.
Le risque de fusion incontrôlée existe et l'adhérence à un groupe nécessiterait que nous gardions une certaine liberté de mouvement, de choix, de décision.

• *Sur le plan psychologique,* il s'agit d'une période de déséquilibre psychique. La tendance est à la dispersion, l'instabilité ou l'inquiétude sans que nous puissions en déterminer réellement les causes. Un peu déboussolé, nous sommes en attente de quelque chose de nouveau, un nouvel espoir, une voie nouvelle à suivre.
Le cycle de ces planètes étant très lent, cet aspect concerne une génération à la fois. Ces personnes qui ont le même âge nous semblent embarquées dans la même galère et nous avons du mal à saisir vers quel port nous nous dirigeons. En conséquence, cet aspect est propice à l'influence des sectes, partis extrémistes ou dogmatiques. Il y a lieu de se méfier et de rester prudents quant à nos engagements ; cette lucidité que nous octroie Uranus étant momentanément inefficace du fait de la présence de Neptune.

• *Le plan physiologique* est le moins touché par cet aspect. Tout au plus pouvons-nous somatiser si la confusion ambiante se répercute sur la santé ou si le carré de Neptune est accompagné d'un transit de Pluton ou Saturne. Il faut bien sûr qu'Uranus soit en aspects dissonants dans le thème natal.

• *Sur le plan spirituel et karmique,* cet aspect intervient lorsque nous avons un peu trop compté sur autrui pour nous réaliser ou nous guider. Neptune vient par le carré provoquer Uranus en nous, en le soumettant à l'épreuve du bandeau sur les yeux. Durant cette période nous avons du mal à savoir quelle est notre réelle voie. Nous cherchons à tâtons le chemin et ayant du mal à le trouver nous nous raccrochons à notre entourage et aux repères rassurants de notre vie quotidienne.
C'est le flou total quant à nos aspirations personnelles et nous n'en sommes pas forcément conscients.
Pour un être évolué ou engagé dans une voie spirituelle, cet aspect sera propice à l'ouverture d'esprit et à la compréhension des lois cosmiques. Neptune vient rappeler à l'être que, malgré la nécessité de se démarquer, il ne doit pas oublier les autres et à une plus grande échelle l'humanité tout entière.

S'en remettre à Dieu n'est pas incompatible avec notre volonté d'individuation. Si la plupart des religions nous apprennent qu'une partie de Dieu se trouve en chacun de nous, c'est en partie parce que ces deux valeurs, unicité et fusion, sont toutes deux à prendre en considération.

Comment le positiver ?

En nous ouvrant aux aspirations collectives ou en essayant de trouver notre propre place au sein d'un groupe, d'un entourage qui partage les mêmes idées que nous. Afin de préserver notre identité propre, il est cependant nécessaire que nous soyons clairs et honnêtes. Si nous — ou notre entourage — essayons de masquer certaines choses, il est certain que d'un côté comme de l'autre le climat confus amènera des divergences de vue, voire la scission pure et simple.
Encore une fois, en ce qui concerne les aspects de Neptune, il faut faire appel à notre Saturne, seule fonction planétaire permettant la concrétisation de cette fusion. Si pendant le carré Saturne transite de l'une ou l'autre des planètes concernées, il participera à l'élaboration des idéaux communs. Si ce n'est le cas, il y a lieu de se prévenir de toute atteinte à notre liberté, notre autonomie, qui pourrait être préjudiciable par la suite. Une des meilleures manières de le positiver est d'ouvrir notre esprit à des valeurs que nous avions jusque-là négligées. Plutôt que de s'en remettre à des pratiques dogmatiques ou des principes religieux aliénants, il est plus sain de chercher en nous-mêmes l'unicité des forces qui nous régissent. Ainsi pouvons-nous pratiquer le yoga, la méditation transcendantale ou évoluer au sein d'un groupe de personnes partageant les mêmes convictions. Il faut cependant éviter de faire un clan ou d'imposer aux autres nos propres visions des choses de manière catégorique.
L'individualité de chacun est à préserver. Faisant partie du Tout, chaque être est à la fois un grain de sable et une pièce indispensable de l'immense puzzle qui compose notre Univers. A lui de trouver, grâce à cet aspect, sa réelle place avec lucidité et... humilité.

NEPTUNE CARRE A NEPTUNE NATAL

Le carré de Neptune à lui-même amène une remise en question de nos idéaux par rapport à la conscience collective. Il s'agit de réadapter nos vues sur un registre plus grand, plus large, afin de nous universaliser.
Les valeurs de notre Neptune natal, qui dépendent de la maison où il se trouve et des aspects qu'il reçoit, deviennent obsolètes. Ce climat durant de un à deux ans, cette mutation des idéaux se fait très lentement. Ceux-ci ne conve-

nant plus tout à fait à ce que nous en attendions, nous cherchons à coller à des horizons plus conformes à nos aspirations profondes.
Neptune ayant une course très lente dans le zodiaque (cent soixante-cinq ans environ), nous ne vivrons en tant qu'être humain que le carré dextre (ou carré croissant). Celui-ci se produit entre quarante et quarante-deux ans environ.
A cette même période, Uranus arrive à l'opposition de lui-même et contribue à la transformation de l'être : rectification des idéaux et expression de sa propre personnalité. C'est ce que nous appelons l'âge mûr, celui où nous ne pouvons plus nous bercer d'illusions ni compter sur autrui pour nous réaliser. C'est au niveau des générations que le carré de Neptune est intéressant à analyser :

Pour les générations nées avant la Seconde Guerre mondiale et qui ont *Neptune en Vierge* (entre 1928 et 1943), ce carré de Neptune dans le Ciel s'est produit lors de son transit en Sagittaire (entre 1970 et 1984). Pour ces natifs, qui avaient basé toute leur foi et leurs espoirs sur la technique, la science et le rationalisme (Vierge), ce fut l'époque de la grande désillusion : les industries n'offraient plus la sécurité de l'emploi et s'avéraient polluantes, la science se heurtait à des énigmes de plus en plus complexes et la médecine se révélait impuissante face au cancer et aux nouvelles maladies comme le Sida.
Avec la pratique il s'avère d'ailleurs que les natifs de ces années sont les plus grands consommateurs de médicaments du siècle. Neptune a en effet favorisé l'extension de la chimiothérapie en transitant ce signe de la Vierge où il se trouve traditionnellement en exil. Cette boulimie médicamenteuse connut précisément son apogée pendant le passage de Neptune en Sagittaire au carré de leur Neptune natal. Certains — et ils sont de plus en plus nombreux — se tournèrent vers les attributs les plus sains de l'archétype Vierge : la naturopathie, l'homéopathie, l'acupuncture et autres médecines douces, la culture biologique, etc.
La conjonction Uranus/Neptune en Capricorne de 1992 à 1995 les fera participer activement aux nouvelles directions que les sociétés de l'après-crise emprunteront. Cette conjonction fera alors trigone à la fois à leur Neptune natal et, pour certains, aux planètes en Taureau de leur thème.

Pour les générations nées après la Seconde Guerre mondiale et qui ont *Neptune en Balance* (de 1943 à 1956), cette remise en question de leurs idéaux se fait entre 1984 et 1998, durant le passage de Neptune en Capricorne.
Pour ces générations qui avaient basé leur foi et leurs espoirs dans les notions d'amour et de paix, l'époque actuelle les désoriente quelque peu. La notion d'amour n'a jamais été si galvaudée et la paix entre les pays, entre les races, n'a jamais été si fragile. Depuis 1984, le concept de couple a tellement évolué que ces natifs ont dû réviser leurs idéaux concernant l'amour et la vie

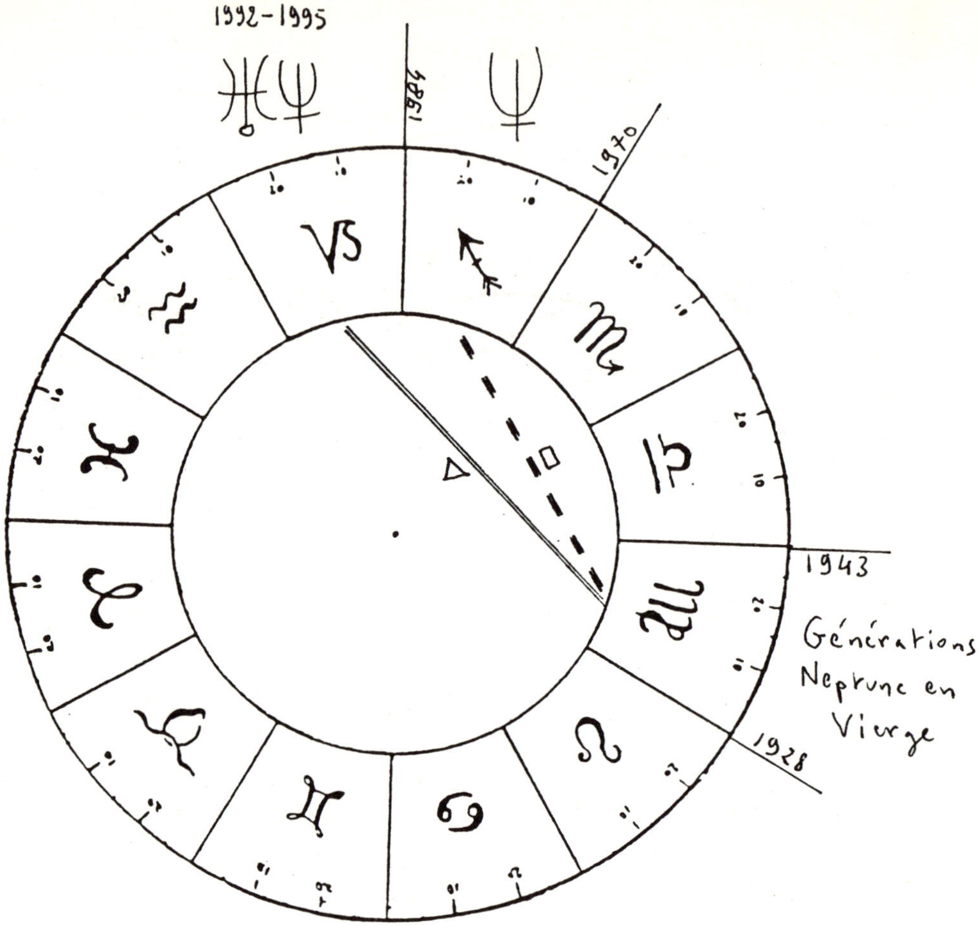

en commun. Quant à l'espoir de paix, il ne suffit plus de quelques rassemblements de pacifistes ou de festivals de musique pour agir efficacement en ce sens. De plus, la musique a cessé d'être porteuse d'idéal pendant la crise des années quatre-vingt en se sacrifiant au star system et au show business. Cette remise en question de leurs idéaux devrait les diriger vers une notion d'amour moins idéaliste et plus sereine.

Ils ne devront plus se contenter de rêver de paix universelle, mais contribuer à sa réalisation en s'impliquant au niveau social. Le carré de Neptune depuis le Capricorne à leur Neptune natal les incitera à chercher un équilibre, qu'ils pourront trouver dès que Saturne rentrera dans le signe du Verseau précédant l'arrivée d'Uranus, maître de ce signe. Ces générations joueront alors un grand rôle dès l'an 2000 au niveau social et culturel.

Quant à la musique, qui est leur « pain quotidien », ils s'efforceront sans doute de retrouver dans leurs créations le sens de la mélodie et de l'harmo-

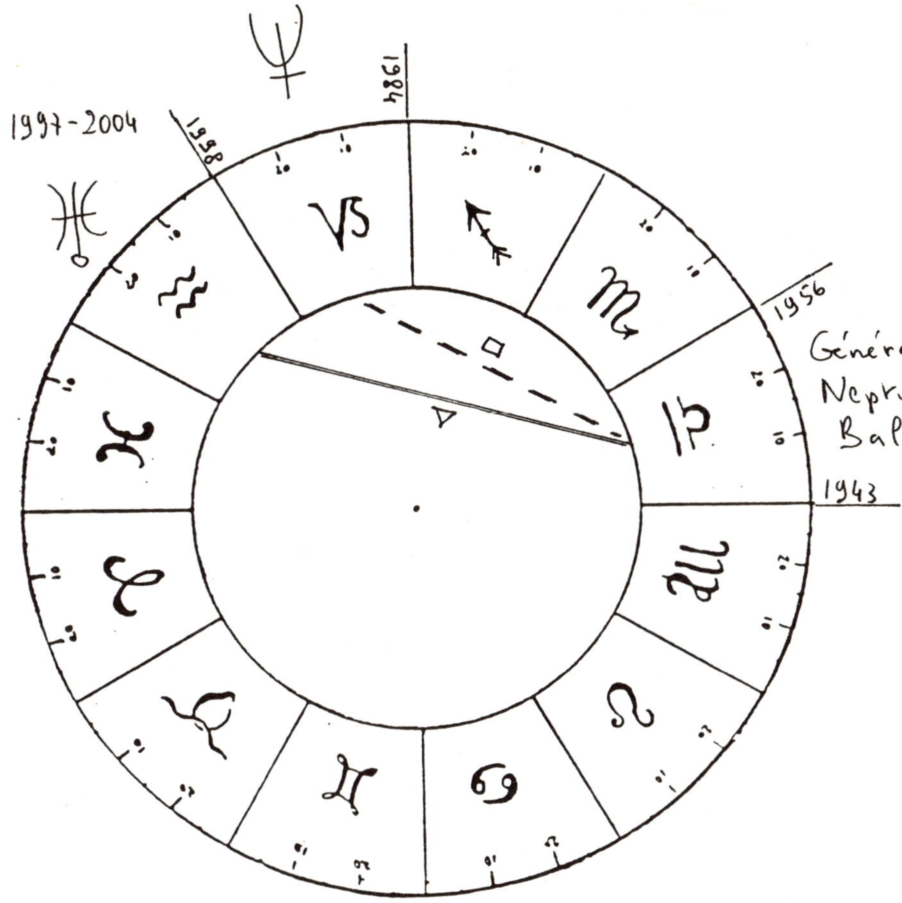

nie. De grands compositeurs sommeillent encore dans les esprits de ces générations. Uranus parvenant en Verseau à la fin du siècle réveillera leur génie créateur.

Enfin pour ceux qui ont *Neptune en Scorpion* (nés entre 1956 et 1970), la remise en question de leurs idéaux se fait entre 1998 et 2012, lors du transit de Neptune en Verseau. Il est encore trop tôt pour tenter de cerner quelles remises en question vont se poser pour ces natifs, la fonction neptunienne ayant probablement évolué lors de sa conjonction avec Uranus en 1993-1994. On peut supposer qu'il leur faudra transmuer les valeurs Scorpion liées au sexe et à l'argent afin de dégager ce que ce signe a de plus noble : le pouvoir de transformation de l'être et celui du magnétisme, entre autres, qui seront des domaines à creuser pour ces générations.

Les valeurs Verseau imposeront à leurs idéaux une sorte de morale sans interdits ni croyances, ce qui les incitera à dévoiler leurs secrets et leurs pouvoirs. Bon nombre des natifs ayant Neptune en Scorpion ont un rapport subtil avec le monde des esprits, qu'ils en soient conscients ou non.

NEPTUNE CARRE A PLUTON NATAL

Du fait de la forte excentricité de Pluton, ce carré survient vers l'âge de treize ou quatorze ans pour les natifs de la seconde moitié du XXe siècle alors qu'il se produit vers l'âge de vingt-cinq ou vingt-six ans environ pour les natifs de la première moitié.
Pluton étant en analogie avec le subconscient et l'instinct, le transit de Neptune a jeté un trouble sur ces fonctions à un plus jeune âge sur les générations d'après-guerre qui bénéficieront tout de même d'un sextile entre ces deux planètes (de 1945 jusqu'après l'an 2000).
Sur le plan sexuel, la précocité des jeunes générations par rapport à leurs aînés peut s'expliquer en partie par cet aspect. Plus globalement, le plan collectif que représente Neptune remettant en cause les instincts et le subconscient amène à les adapter à son comportement dans la vie de tous les jours. De ce fait, il peut y avoir conflit entre la foi intérieure et les instincts primitifs du natif.
Le trouble — et la confusion parfois — que le natif éprouve par rapport à ses propres phobies peut lui faire traverser une période où les angoisses personnelles et les complexes peuvent se manifester. Ce carré constitue surtout une toile de fond dont les autres transits dépendront, mais qui restera sous-jacente aux événements possibles.

NEPTUNE CARRE AUX NŒUDS LUNAIRES

L'année où Neptune arrive au carré des Nœuds lunaires est une année importante sur le plan spirituel. Pour peu que l'on y soit attentif, certaines personnes ou certains événements nous montrent une nouvelle voie.
En réalité, il s'agit plutôt d'une redécouverte, mais c'est après le carré que nous la réaliserons. Ainsi, durant cette période, notre esprit est tellement ouvert, réceptif à ce qui se passe sur le plan subtil qu'une sorte de joie intérieure profonde nous habite.
Nous pouvons redécouvrir un livre dont la lecture nous avait bouleversés dans la jeunesse ou une musique qui nous avait transportés dans le temps. Ces indices sont là pour nous rappeler les valeurs essentielles de notre esprit, l'importance de notre foi, de notre conscience personnelle. C'est une sorte de flash-back (Nœud sud) concernant nos idéaux passés afin de percevoir

s'ils peuvent tenir la route en vertu des nouveaux (Nœud nord) qui se présentent. Ou alors ce peut être une crise de conscience qui amène l'être intérieur à réviser ses concepts idéologiques ou religieux afin de se sentir en accord avec lui-même.

En fait, notre esprit prend conscience pendant cette période de la relativité des choses.

Il réalise que la vie n'est qu'illusion par rapport à la réalité de son âme. Ayant par le carré accès au passé le plus reculé de l'être aussi bien qu'à son devenir, Neptune ouvre la conscience à l'essence de sa foi, à son rapport avec le divin. Nous pouvons alors percevoir ce qui est important pour notre karma, mais il faut être prudent quant à l'interprétation que nous pouvons en faire sur le moment. Le carré dépassé, nous saurons si ce que nous avons entrevu est valable ou non. Cette prise de conscience peut nous amener à nous détacher de certaines personnes qui ne partagent plus la même voie, les mêmes idéaux que nous. Il faut veiller cependant à ne pas brûler les étapes, Neptune se situant en dehors du temps.

En conséquence, il vaut mieux ne pas prendre de décisions relatives à sa vie quotidienne pendant ce carré. Nous sommes à ce moment-là en prise directe avec notre âme, avec les plans subtils de l'être qui peuvent ouvrir notre conscience comme un lotus sur l'étang calme. Lui seul sait où est sa place et il l'accepte, ne se posant pas de questions sur l'étendue réelle de l'étang.

Les deux fonctions de Pluton

L'analogie qui peut être faite avec la position et l'aspect physique de Pluton dans le système solaire nous permet de mieux saisir le rôle qu'il tient dans le thème natal.
Un peu plus grosse que Mercure, cette petite planète dont la distance moyenne au Soleil est de six milliards de kilomètres a une orbite très excentrique et fortement inclinée par rapport aux autres planètes. Son satellite Charon, découvert en 1978, est seulement deux fois plus petit que lui et son orbite très rapprochée entraîne Pluton dans une « danse » digne d'une étoile double[1].
Double nature, éloignement, excentricité telles sont les principales caractéristiques de cette planète qui, de par sa position à la limite du Système Solaire, mérite bien le surnom de « gardien du seuil »
Le signe du Scorpion dont il est sans conteste le maître, nous renseigne également sur sa double fonction. Ce signe du zodiaque est principalement intéressé à déstabiliser le signe opposé, le Taureau. Cela n'est pas systématique puisqu'il y a interaction dans cet axe Taureau/Scorpion, mais c'est une des fonctions du Scorpion d'éprouver les valeurs Taureau. Voyez à quel point ce dernier est possessif, attaché à ses besoins et aux êtres qu'il affectionne. Pourquoi ? Parce qu'inconsciemment il sait qu'il peut tout perdre avec son archétype complémentaire le Scorpion. Chaque énergie, chaque force de l'Univers a son contraire, son antithèse, et si nous y réfléchissons bien, cela ne pourrait être autrement.
La Terre — et plus encore le Soleil — constituent un principe de création, un principe vital. Puisqu'il faut nécessairement un principe de destruction

[1] Dans la mythologie grecque, Charon était chargé de prendre dans sa barque les âmes des morts et de les transporter vers la porte menant au Tartare (l'un des mondes souterrains) en leur faisant franchir l'Achéron.
Il ne consentait à embarquer que ceux qui portaient dans leur bouche le prix de leur passage et ayant déjà reçu une sépulture. En somme, le satellite de Pluton est très intéressé... nous retrouvons ici l'analogie avec la maison VIII (l'argent venant d'autrui).

pour maintenir l'équilibre, c'est Pluton qui s'en occupe par la maîtrise du Scorpion. Ce que Pluton détruit, c'est ce qui est arrivé à terme, ce qui n'est plus adapté, ce qui brille sans force, sans conviction profonde, sans motivation réelle. Ainsi, nous voyons une relation s'éteindre parce que les partenaires ne se supportent plus, ne s'apportent plus rien.

Ils continuent pourtant de vivre ensemble, par peur de se retrouver seuls, par la force de l'habitude ou par intérêt et ce sont dispute sur dispute, drame sur drame... S'il n'y avait pas Pluton pour venir briser leurs chaînes, ils s'empoisonneraient la vie pendant des années.

Pluton, c'est le « grand justicier », comme le nomment certains astrologues. Il vient s'immiscer entre les deux partenaires, et pousse les rapports à l'extrême afin que l'un et l'autre réalisent là où le bât blesse. Si c'est solide, il transformera leur relation, et son départ du transit au carré exact sera vécu comme une véritable renaissance. Si les maillons sont faibles, il les brisera. C'est en ce sens que ses aspects sont le plus souvent d'essence karmique, chacun le ressentant comme une épreuve, un test décisif. Idem pour une personne trop imbue d'elle-même, trop sûre de ses pouvoirs. Aucune autre planète n'a cette faculté de faire toucher le fond à l'ego, de le soumettre, de le salir s'il le faut afin qu'il soit forcé d'abdiquer et de se purifier humblement, de gré ou de force.

Pluton ôte tout vernis à l'ego, toute lumière artificielle à la personnalité. Il n'admet que l'essentiel, l'authentique en nous, et le carré au Soleil est une vraie descente aux enfers pour l'être qui n'a pas compris cela. Si nous nous raccrochons à nos valeurs devenues obsolètes, si nous refusons de faire taire notre orgueil, alors Pluton peut être très cruel.

Si, en revanche, nous sommes prêts à nous remettre en question, à accepter la métamorphose, à écouter ce qu'il nous propose, alors nous l'intégrerons plus facilement et le carré sera moins pénible à vivre. La condition *sine qua non* à cette intégration étant, naturellement, de ne pas trop se prendre au sérieux. L'humour, cet astucieux mélange d'humeur et d'amour, fait toujours passer la pilule même si elle est amère ; et il est vrai que Pluton peut se révéler extrêmement amer quelquefois, voire de très mauvais goût !

L'intégrer, c'est accepter que de minuscules démons s'agitent en nous et chatouillent de temps en temps nos points les plus sensibles. C'est aussi accepter de vivre les expériences les plus excentriques, réaliser que l'être humain est toujours un animal ou une plante (même s'il est déraciné) et qu'il se promène toujours avec, à l'intérieur, les strates inconscientes d'une adaptabilité mal vécue.

Pluton possède donc deux fonctions :

— autant il peut détruire, autant il peut purifier ;
— autant il peut nous déstabiliser, nous décentrer, autant il est capable de nous révéler à nous-mêmes, de nous aider à trouver notre vraie place au Soleil.

Mais avant cela, il nous mettra à nu. Il jettera un regard sans complaisance sur nos faiblesses, sur nos angoisses et nos fantasmes irréalisables. Il fera pour nous le tri, quitte à nous défaire de certains liens, quitte à nous faire toucher le fond une bonne fois pour toutes et ainsi nous transformer.
Avant la purification, la rédemption. Tout cela a des airs de Jugement dernier mais finalement, à l'heure cruciale de Pluton, ne sommes-nous pas notre propre juge ?

PLUTON CARRE AU SOLEIL NATAL

Le plus éprouvant des carrés au Soleil natal. Sans doute parce que le Soleil est lié à notre vitalité et que Pluton la touche particulièrement, en transit comme en carré. Le Soleil c'est aussi la personnalité, la fonction rayonnante de l'être, le pouvoir de création.
C'est sur tous ces plans que le carré de Pluton va jouer en installant un climat particulièrement lourd et confus. Ce n'est pas la confusion de Neptune ni la lourdeur, la pesanteur de Saturne, mais plutôt une sourde inquiétude avec des périodes de doute et d'angoisse inexplicables.
Imaginons un instant la comparaison du système solaire avec un tourniquet de jardin d'enfants. Soudain arrive un malabar de cent quarante kilos qui, pesant de tout son poids, fait grincer le mât central au risque de le casser. Ce mât, c'est notre Soleil et cet intrus c'est Pluton qui, par son excentricité, tente de le décentrer. La seule différence, c'est que Pluton est très loin de l'astre du jour. Cependant, malgré cet éloignement, il est difficile de l'oublier et nous le réalisons lors d'un transit ou d'un carré.
Pour ce qui est de la distance, nous pouvons la mesurer sur le plan psychologique : aucune fonction planétaire n'est plus difficile à cerner que celle de Pluton en nous. Qui peut prétendre connaître totalement son subconscient ? C'est avec l'âge et en fouillant les plus basses couches de l'être que nous arrivons à cerner la nature de nos instincts.
Son excentricité est également à rapprocher de nos tendances à sortir des limites que nous nous imposons parfois. Nous disons d'une personne qu'elle est excentrique lorsqu'elle dit ou fait des choses qui sortent des normes que la pudeur, la morale ou la peur de se sentir jugé nous imposent.
En fait, cette excentricité étant le plus souvent subconsciente, il entre dans son jeu une part de mystère. On a tendance en effet à cacher son Pluton et ce, dès le plus jeune âge. Peut-être parce qu'inconsciemment nous sentons qu'il est difficilement acceptable aux yeux de tous. Difficile d'amener une planète qui symbolise les ténèbres en pleine lumière, n'est-ce pas ?
C'est pourquoi lors d'un carré de Pluton au Soleil natal nous sentons comme une angoisse nous envahir :
« Et si les autres savaient qui je suis réellement ? »

C'est la peur qui nous amène à ce raisonnement. Peur de nous-mêmes le plus souvent. Peur de nos désirs cachés, peur de nos pulsions instinctives, peur de nos tendances agressives ou vicieuses, peur de mourir, peur... d'avoir peur le plus souvent.
Alors que le plus sage serait de penser :
« Et si je leur disais qui je suis réellement ? »
Mais aux heures plutoniennes, il y a souvent un blocage, et ce blocage vient en grande partie de notre éducation, de la morale bourgeoise, de notre culture judéo-chrétienne. Il est probable que dans quelques décennies, nous aurons tellement développé notre intellect et exploité notre psyché que les valeurs plutoniennes seront moins difficiles à exprimer. Pour le moment nous en sommes encore loin...
Le plus souvent, un carré de Pluton se manifeste par une révolte intérieure et un sentiment d'angoisse profond. On sent que quelque chose est là qui nous ronge, qui nous freine et l'on ne sait pas très bien ce que c'est. Nous ressentons très fort les vibrations des gens qui nous entourent et spécialement celles des personnes qui cachent quelque chose ou qui sont mal dans leur peau. Nous décelons facilement le « défaut dans la cuirasse » et les faux-semblants. Hypersensible mais ne le montrant absolument pas, nous en souffrons cependant intérieurement.
En fait, si nous avons une telle attitude, si nous jetons un regard noir sur le monde et notre entourage, c'est parce que nous sommes en train de changer, de nous métamorphoser. Nous réalisons cela lorsque le miroir tendu, la société nous renvoie une image qui devient insupportable.
Diverses attitudes sont possibles à ce moment-là : se révolter et faire le « ménage » dans ses relations, ou bien suivre ses pulsions intérieures quitte à y laisser quelques plumes, ou encore subir la transformation de l'intérieur avec humilité et lucidité. Pour quelqu'un d'assez évolué, cette expérience lui permettra d'acquérir un meilleur contrôle de soi et de ne plus avoir peur de rien, pas même de la mort.

• *Sur le plan physiologique*, Pluton se manifeste en « grignotant » les forces vitales que le Soleil représente. Suivant que le Soleil est en Taureau, en Lion ou en Capricorne, les symptômes seront différents. Il faut étudier de près la maison où se trouve le Soleil (c'est elle qui en subira l'impact le plus fort), les aspects qui le lient aux autres planètes, et, bien sûr, le domaine de la maison VI qui nous renseigne sur les faiblesses du Soleil que Pluton va éprouver. Ce transit en carré dure environ deux ans et demi, mais du fait de sa rétrogradation il nous laisse « souffler » souvent.

• *Sur le plan événementiel*, c'est selon le degré d'évolution et de connaissance de soi que Pluton se manifeste. Pour un individu qui n'est pas conscient de certaines forces cachées qui s'agitent en lui ou qui ne s'est jamais remis en question, le carré peut être très déstabilisant. Il peut avoir l'impression de devenir fou, de ne plus arriver à se maîtriser. Ainsi une peur causée par une personne agressive ou un véhicule qui manque de le renverser peut engendrer des crises de paranoïa, voire de schizophrénie. Il peut se sentir possédé par des forces invisibles ou traqué par des inconnus qui lui veulent du mal. De ce fait, il peut devenir vulnérable ou lâche et ce manque de confiance en lui peut se répercuter dans sa vie quotidienne. La fonction solaire de l'être ne rayonnant plus, ses amis le fuient, ses collègues de travail le rejettent, ses subordonnés n'admettent plus son autorité.

Pour un individu qui sait se remettre en question, il comprendra que toutes ces peurs et ces angoisses ne sont que le reflet de la plus sombre partie de lui-même. Qu'il lui faut accepter de se voir tel qu'il est, dans son aspect le plus négatif, le moins valorisant, pour comprendre la nécessité de changer de peau avant qu'il ne se supporte plus lui-même. Il s'agit avant tout d'une réelle mutation. Comme toute mutation, il y a un temps d'adaptation. Celui-ci se fait généralement au premier carré exact. Ne se sentant pas très à l'aise, l'individu compense en se jetant des défis, en s'investissant dans ses activités.

Devenant hypercritique envers lui-même, il cherche à se surpasser, à approcher de la perfection. C'est pourquoi les individus qui vivent un tel aspect deviennent maniaques, traquant le moindre défaut, la moindre imperfection. Leur regard ressemble à celui de l'aigle, rien ne leur échappe. Cependant, ils s'investissent si intensément dans leurs activités que leur attitude, à la longue, devient obsédante pour leur entourage. C'est lors de la rétrogradation en carré du Soleil que les appuis se font plus rares et que les ennuis arrivent. Ils coïncident généralement avec des ennuis de santé dus à une baisse de vitalité. La véritable remise en cause se fait pendant ces longs mois où l'être perd confiance en lui, où il broie du noir. Ce n'est qu'après le dernier carré exact que l'on commence à remonter la pente (huit à douze mois après). Si, passé ce délai, nous nous souvenons de l'être qui portait notre nom avant le carré de Pluton, nous aurons l'impression qu'il vivait à une toute autre époque…

• *Sur le plan spirituel et karmique*, le carré de Pluton intervient lorsque l'ego est trop fort, trop important, trop visible. La période précédant le carré nous renseigne sur les raisons pour lesquelles l'ego a pris trop de place. Généralement il s'agit d'une période de succès ou de mise en valeur de ses capacités, de sa personnalité. Et Pluton vient alors dire au Soleil :

« Tu te prends pour qui, dis-moi ? Sais-tu que je peux te déstabiliser si je me manifeste ? Sais-tu que je peux te décentrer facilement ? »

Et à l'image du Pluton céleste, le Pluton en nous qui est excentrique réagit : il se révolte, obligeant notre Soleil à tenir compte de son côté extrémiste, de ses peurs incontrôlées, de ses angoisses inavouées, de sa phobie de l'échec.

Cette expérience a pour but de faire évoluer la fonction solaire en la soumet-

tant à une épreuve dont elle doit sortir épurée, transparente, rayonnant d'une lumière authentique. L'ego doit être soumis à la volonté de l'être afin qu'il sache que l'essentiel de l'individu n'est pas forcément visible et qu'il est vain de tenter d'en tirer une gloire personnelle.
Si le Soleil perd de sa brillance lors d'un carré de Pluton, au sortir de cette expérience il aura gagné en clarté.

Comment le positiver ?

En faisant « le ménage » dans nos relations. Durant cette période et surtout pendant la rétrogradation, nous avons tendance à nous laisser « dévorer » par certaines personnes qui profitent de nos faiblesses.
Loin de se retrouver seul, il est important de resserrer les liens avec les gens en qui nous avons pleine confiance. Ensuite, en faisant le « ménage » dans notre tête.
Une période d'introspection commence et il nous faut accepter certaines vérités que nous refusions de voir jusqu'à présent : accepter la possibilité que tout ce que nous avons construit, entrepris, échoue. Accepter aussi la mort possible de l'un de nos proches.
Enfin accepter la plus mauvaise image de nous-mêmes, nos côtés les plus sombres, les plus malsains afin de les transcender. Les intégrer dans notre pouvoir de création est la meilleure façon de positiver ce carré. Pour un artiste, ses œuvres vont sembler très torturées durant cette période, mais ce qu'il aura projeté de lui-même sera à jamais sorti de son subconscient ; il en sera libéré.
Pour un mystique, cette période d'introspection peut conduire à une meilleure compréhension des mystères du subconscient et ces révélations le conforter dans la certitude que la perfection n'appartient pas à ce monde, qu'il faut savoir parfois baisser les bras dans cet Univers où rien n'est vraiment jamais acquis.
C'est sur le plan occulte que Pluton peut nous apporter certaines révélations, pour peu que l'on s'y intéresse. En effet, cette très lointaine planète garde en mémoire le passé le plus reculé de la race humaine.
Aussi, lors d'un carré ou d'un transit, est-on attiré par l'étude des civilisations disparues, l'Antiquité ou la Préhistoire. Ou l'on accorde beaucoup d'intérêt aux mystères de la vie et de la mort, aux origines de l'homme et de l'Univers. On peut aussi rechercher nos racines ancestrales en retournant dans le pays de nos aïeuls ou, tout simplement, sur les lieux de notre plus tendre enfance. Notre propre père peut nous révéler certains secrets de famille ou le concernant personnellement. Il est vrai que la mort du père (ou du mari pour une femme) fait partie des éventualités d'un carré de Pluton au Soleil, mais il faut d'autres aspects dans notre thème comme dans celui du

père. Enfin, pour les personnes qui s'occupent de gens âgés ou ont choisi d'accompagner les mourants au seuil de la mort, ce transit peut être vécu comme une initiation aux mystères de l'après-vie.

PLUTON CARRE A LA LUNE NATALE

La plus proche et la plus lointaine des planètes ont en fait un point commun : elles sont toutes deux en rapport avec le passé. En effet, si la Lune représente notre passé le plus proche, celui de l'enfance notamment, Pluton s'occupe de notre passé le plus lointain : celui de notre race et, sur le plan individuel, celui de nos racines ancestrales.
En conséquence, cet aspect de Pluton tend à ramener à la surface les inquiétudes liées à l'enfance, les peurs ou blocages qui nous ont marqués, inconsciemment le plus souvent. Certains peuvent provenir de la vie intra-utérine et, plus loin également, des vies antérieures les plus récentes.
La Lune représentant notre mémoire, notre sensibilité et nos émotions, le défi que lui lance le maître du Scorpion est difficilement contournable pour l'individu (à moins d'être totalement inconscient), ces trois plans étant essentiels dans notre vie quotidienne.
Durant cette longue période (de deux à trois ans), nous allons chercher à couper les ponts avec certaines choses du passé. Pour un adolescent, cela peut aller de la simple fugue au total affranchissement. Les liens à la mère vont devenir pour un temps assez tendus ou ambigus. Dans certains cas, un complexe d'Œdipe qui était jusqu'alors refoulé peut très bien se manifester durant cette période.
Il est important, pour le natif comme pour la mère, de régler ce problème fondamental par le dialogue ou tout au moins avec l'aide d'un psychanalyste, d'un astrologue.
Pour un adulte, cet aspect peut engendrer un climat obsessionnel en rapport avec la santé de sa mère ou de sa propre progéniture. Ces craintes et ces angoisses ne sont pas toujours justifiées, mais du fait que nous prenons conscience de la perte possible de l'un deux ou d'un accident grave les concernant, elles sont aisément compréhensibles. Plus généralement, cet aspect prédispose aux tourments intérieurs, aux débordements émotionnels et aux fréquents trous de mémoire.

• *Sur le plan physiologique*, les émotions jouant un rôle évident du point de vue pathologique, le carré de Pluton peut amener des troubles dans les liquides du corps : plasma, liquide céphalorachidien, urine, transpiration, etc. L'étude de la maison VI et de celle que maîtrise la Lune dans le thème natal nous renseigne sur les parties du corps à surveiller. Des allergies dues à une intoxication alimentaire sont possibles. Pluton représentant l'invisible, un virus contracté par le natif sera difficilement décelable par le médecin. Il est donc nécessaire de ne pas se limiter à un seul diagnostic si les symptômes perdurent. La Lune étant en rapport avec notre alimentation, il est prudent de nous nourrir sainement (bien laver les légumes et fruits avant de les consommer).

• *Sur le plan événementiel*, les conséquences d'un tel aspect dépendent de la nature de la Lune dans le thème natal ainsi que du degré d'évolution du natif.
Ainsi une personne très émotive peut ressentir de sérieux troubles psychologiques avec des accès de « fièvre » mentale proches de la paranoïa. On peut se sentir agressé en permanence ou victime d'un envoûtement. Pour un homme public ou un artiste, ce carré de Pluton entraîne une perte de notoriété, une baisse de prestige. On peut perdre une partie de son public, de son auditoire, de sa clientèle. Chez une personne très influençable, cet aspect peut correspondre à la fréquentation de gens malhonnêtes, voire malsains, qui profitent de sa faiblesse de caractère pour la manipuler. La Lune étant en rapport avec notre maison IV (Cancer), cette période correspond souvent à des ennuis liés au foyer, à la famille, au toit sous lequel on vit ou travaille.

• *Sur le plan spirituel et karmique*, ce carré de Pluton à notre Lune natale est destiné à nous éprouver émotionnellement afin que nous apprenions à dominer notre sensibilité. Certaines peurs sont directement liées à l'enfance, et la fin du carré verra également la fin de nos blocages résultant de cette époque où nous sommes plus sensibles et vulnérables.
D'autres sont généralement d'essence karmique, surtout si la Lune est déjà en aspect dissonant avec Pluton ou Saturne dans le natal. Si Pluton est rétrograde dans celui-ci, il est possible que ce carré amène une épreuve douloureuse ou une dépression marquante.
L'énergie de cette planète a pu être employée de façon négative dans de récentes incarnations et nous avons affaire à un effet « boomerang ». Néanmoins, si Pluton ne reçoit que des aspects harmoniques, l'effet sera moindre.
Si la Lune se situe au Nœud sud dans le natal, le carré de Pluton vise à nous endurcir. Les peurs et blocages psychologiques ressentis durant cette période seront sans doute éprouvants, mais ils contribueront à l'édification d'une personnalité plus sûre d'elle-même et moins vulnérable.
Si la Lune se trouve au Nœud nord, le carré sera moins éprouvant, mais nous ne comprendrons pas toujours la nécessité de vivre des moments si contraignants. On ne saura quelle attitude adopter face aux situations où Pluton nous entraînera, souvent contre notre gré. Avec cette position nodale, l'imagination étant à développer, il est très probable que nous ayons à vivre des expériences visant à l'extérioriser, à la révéler.

Comment le positiver ?

Tout d'abord en cernant les raisons que nous avons d'avoir peur, car bien souvent nous avons peur d'avoir peur. C'est l'appréhension qui instaure le climat d'angoisse propre à ce carré, ce qui nous prive de la compréhension de la nature subtile de nos peurs. En fait, de quoi avons-nous peur ? Si ce n'est de la mort elle-même, c'est d'être soudainement privé de ce qui nous est cher : enfants, parents, partenaires. A un niveau plus matérialiste, nous avons peur de perdre notre situation, nos biens immobiliers, etc.
Toutes ces craintes sont liées en réalité à la peur de l'inconnu. Nous avons peur parce que nous ne savons pas ce qui va nous arriver après, dans deux jours ou dans deux mois. Ainsi durant ce carré, nous appréhendons le lendemain sans réaliser que ce fameux lendemain passé, nous aurons omis qu'il ne nous est rien arrivé de grave... C'est l'effet Damoclès dans toute sa splendeur. C'est dans ce genre de situation qu'il faut faire appel à Uranus, à notre Uranus natal. Cette planète nous ramène toujours au présent, étant surtout intéressée par notre futur.
Uranus étant en analogie avec l'espace, nous réalisons qu'il nous faut bouger, voyager, aller vers les autres et nous ouvrir à la nouveauté. Nous devons, si nous voulons positiver ce carré, sortir de la coquille tremblante dans laquelle le carré de Pluton à la Lune nous a enfermés. Le besoin de sécurité obsédant propre à ce carré ne doit pas devenir le prétexte au cloisonnement, sinon nous construirons la prison, que nous redoutons tant, de nos propres mains. L'imagination étant assez fertile, voire débridée sous un tel aspect, nous pouvons le positiver en exprimant, par l'écriture d'un journal ou en débutant une collection originale, nos obsessions et nos angoisses.
Pour un artiste cependant, il convient de ne pas chercher à tirer profit ou à se réjouir trop vite des œuvres créées sous cet aspect. Il sera préférable d'attendre la fin du dernier carré exact (huit à douze mois après) pour les exposer aux yeux de tous. Il est possible en effet que l'essentiel de la production soit à revoir, le climat plutonien favorisant plus les esquisses que les œuvres définitives.

PLUTON CARRE A MERCURE NATAL

Sur le plan astronomique, ces deux planètes ont quelques points communs : leur taille, leur excentricité par rapport aux autres planètes et leurs orbites qui sont les plus inclinées du système solaire. Malgré cela, Mercure est la plus rapide dans sa course autour du Soleil alors que Pluton est la plus lente. De ce fait, tout rapport d'angles entre elles dans un thème et, plus particulièrement en transit, s'avère problématique.
Pluton agit sur Mercure comme une sorte de frein, en bloquant ses fonctions

de transmetteur, de messager, d'informateur et ce, pendant de longs mois puisque cet aspect s'échelonne sur deux à trois ans. La fonction généralement attribuée à Mercure étant l'intellect et le raisonnement, ces plans seront momentanément perturbés pendant cette période du fait de la sourde présence de Pluton.

Mais, nous le verrons en fin de chapitre, cet aspect est moins destiné à nous égarer — comme le ferait un carré de Neptune — qu'à éprouver notre intellect afin qu'il révise certains concepts liés à nos connaissances et notre mental devenus obsolètes. Nous aurons à la fin du carré une conception tout à fait différente de notre intellect et de ses applications possibles.

• *Sur le plan psychologique*, ce carré amène un climat d'insécurité psychique, générateur de phobies et de blocages mentaux plus ou moins accentués suivant la position du Mercure natal. Les Mercure en signes d'Eau sont les plus malmenés, ainsi que ceux résidant dans les maisons correspondantes (IV, VIII et XII). On a conscience des faiblesses de l'esprit et surtout de sa fragilité. Tout raisonnement logique est soumis à une sorte de juge intérieur qui ressemblerait à un « avocat du diable ». Durant ce carré Pluton semble dire à notre Mercure : « Es-tu bien sûr de ce que tu avances ? » Et aussitôt la controverse paraît tout aussi valable. Nous nous apercevons alors que tout est relatif, sujet à caution ou carrément vide de sens. Il y a un réel danger de dispersion. Pluton vient s'insinuer dans les méandres de notre cerveau et y semer la « zizanie » en profondeur. Nous projetons de ce fait ce trouble intérieur sur notre entourage et plus particulièrement sur nos proches, frères, sœurs ou amis intimes, ce qui peut générer des différends avec eux. Nous avons tendance à couper les cheveux en quatre, à argumenter pendant des heures sur un sujet n'intéressant que nous-mêmes, ou installer un climat de psychodrame par pure provocation.

• *Le plan physiologique* n'est pas forcément touché. Tout au plus pouvons-nous collectionner de fréquentes migraines dues à une mentalisation excessive. Les sujets très nerveux se cognent souvent, sous cet aspect, aux bras et aux mains plus particulièrement. Les natifs ayant des problèmes respiratoires (asthme, bronchite chronique) peuvent connaître des périodes d'aggravation de leur cas. Sur le plan événementiel, les conséquences d'un tel carré varient selon les individus et dépendent surtout de la qualité de leur Mercure natal.

Il favorise en général l'éclosion d'idées révolutionnaires ou plutôt réactionnaires. On se révolte volontiers contre la tradition, les idées reçues, les principes établis. De ce fait, nous pouvons nous créer des ennemis ou des adversaires réfractaires à nos idées personnelles. Pour un commerçant, cette période peut coïncider avec la liquidation forcée de son commerce ou des ennuis avec une clientèle peu recommandable. Enfin, il n'est pas conseillé de lancer une affaire ou de s'occuper de relations publiques sous un tel aspect, la tentation de spéculer dangereusement voire de frauder étant possible, que cette attitude immorale vienne de nous-mêmes comme de nos associés.

• *Sur le plan spirituel et karmique*, cet aspect est destiné à mettre notre intellect au défi afin qu'il révise certains principes auxquels il était trop habitué et qui l'empêchent de faire face aux données nouvelles. La tentation est grande avec Pluton de faire table rase : associations, études, contrats et engagements personnels, mais il est beaucoup plus sage de tout reprendre à zéro. Pour cela, il faut jouer cartes sur table. Si les règles du jeu ont changé, il faut s'efforcer de s'y adapter, quitte à perdre la dernière mise. De toute façon avec Pluton on perd toujours un peu, on se dépossède. C'est sa fonction naturelle et elle est nécessaire à toute évolution. Il faut apprendre à « lâcher prise ».
Qui peut se vanter de toujours gagner ?
Si Mercure est rétrograde dans le natal, une profonde inquiétude ou un différend au sujet d'un frère (ou d'une sœur) peut resurgir à cette période. On a peur de lui ou pour lui. Il s'avérera nécessaire de communiquer plus que d'habitude ou tout au moins de chercher à comprendre les véritables raisons de ces craintes qui peuvent être d'origine karmique. Si Mercure est conjoint au Nœud nord dans le natal, cette épreuve est destinée à faire connaître à notre intellect les pires conditions de réflexion et d'analyse afin que celui-ci trouve son propre cheminement de pensée, dénué de tout *a priori* et de tout conformisme.
Si Mercure se trouve au Nœud sud dans le natal, ou carré aux Nœuds lunaires, Pluton lui fera en quelque sorte réviser ses leçons, ce qui peut être bien vécu si le natif reste maître de ses pulsions destructrices ou de ses obsessions liées inconsciemment aux vies antérieures. Il a pu traverser antérieurement une épreuve où il a frisé la démence, où son esprit s'est égaré.

Comment le positiver ?

En essayant de garder la tête froide et en cultivant la pensée positive. Notre cerveau est d'une complexité telle que notre subconscient arrive quelquefois à se créer de fausses pistes, lesquelles peuvent sembler toutes aussi valables sous un tel aspect.
Ce carré favorise néanmoins l'esprit de recherche. On peut remettre en question des concepts inébranlables afin de retrouver l'essence des choses.
La finalité étant d'arriver à reconstituer le puzzle à notre manière et ce, d'une façon cohérente. Pluton étant l'octave supérieur de Mars, ce dernier peut nous aider à positiver ce carré. Il est nécessaire d'agir et de ne pas se contenter d'abstractions mentales qui ne mènent à rien. Dès que nous avons

trouvé l'origine de nos blocages, de nos peurs, nous pouvons tout mettre en œuvre pour repartir sur de nouvelles bases, moins rassurantes peut-être, mais beaucoup plus adaptées à notre nouvelle vision des choses.
Ainsi, après le dernier carré exact, nous pourrons réorganiser notre vie quotidienne en tenant compte de ces nouvelles valeurs. Si nous sommes dans le commerce, nous échafauderons une nouvelle gestion mieux organisée et plus adaptée à nos besoins. Si nous poursuivons des études, nous serons à même de comprendre de quoi notre intellect est capable et quelle est sa véritable voie. Etant débarrassés des vieux concepts ou des systèmes de pensée obsolètes, nous pourrons développer un cheminement de pensée plus personnel.

PLUTON CARRE A VENUS NATALE

Les aspects les plus douloureux sont souvent ceux qui touchent notre Vénus. Probablement parce que la peur de voir quelqu'un nous quitter, d'être abandonné, est associée à la peur de la mort. Dans cet aspect plus qu'un autre, les deux sont intimement liés. Mais il s'agit moins de la mort physique au sens propre que de la lente transformation des valeurs que l'on accorde aux sentiments, au pouvoir de l'amour.
Il s'agit de la rencontre de deux énergies magnétiques. Le magnétisme de Vénus attire celui ou celle qui se sent une affinité avec ce qu'elle propose, ce qu'elle dégage. Celui de Pluton, lui, attire impérativement ; plus exactement il aspire comme un tourbillon, comme un trou noir.
Il est très difficile de résister au magnétisme de Pluton et, d'ailleurs, il n'est pas conseillé de trop lui résister, car il s'y prendra d'une autre manière pour nous attirer.
La maison où se trouve Pluton dans notre thème nous indiquera de quelle nature sera l'expérience à vivre lors du carré. Cette maison, ce secteur de vie, sera le théâtre de ce transit en carré. Elle aura pendant cette période (qui peut aller de deux à deux ans et demi suivant les rétrogradations) une importance cruciale, elle sera le centre de nos préoccupations les plus intimes.

• *Sur le plan psychologique*, le natif peut se sentir obsédé par des idées noires, des peurs dont il ose à peine parler ou des fantasmes à forte connotation sexuelle. Il a comme l'impression d'être envoûté, de subir une pression venant de l'extérieur et qui se manifeste à l'intérieur de lui. Comme un mal qui le ronge, un poison lent qui le détruit. De ce fait, nous sommes en proie à des angoisses incontrôlées qui nous font perdre pied avec la réalité.
Même nos proches subissent ce climat envoûtant : nous devenons de plus en plus soupçonneux, méfiants, car nous découvrons en eux la face cachée de l'être, le défaut dans la cuirasse. Cette forte introspection que nous leur fai-

sons subir peut les mettre mal à l'aise, ce qui nous conforte dans la certitude de nos craintes. Dès lors, nous démasquons tous les faux-semblants dans leurs attitudes, les gestes équivoques, les complaisances dans leur relation aux autres et à nous-mêmes.

Ce que l'on ne réalise pas tout de suite, c'est qu'une grande partie de ce que nous leur attribuons comme défauts est le plus souvent la projection de nos propres refoulements, de nos propres craintes. Ici commence la crise qui va affecter notre Vénus, période de remise en question de notre façon d'aimer.

• *Sur le plan physiologique*, ce carré de Pluton à Vénus se manifeste plus fortement chez la femme que chez l'homme. Pluton représentant notre subconscient, tout ce qui n'est pas ramené au conscient peut évoluer dans l'organisme sous forme de maladies psychosomatiques. Les parties sexuelles seront les plus touchées, ainsi que la gorge et la bouche (dans l'axe Taureau-Scorpion).

Se manifestant sous la forme de virus et de bactéries, les maladies vont de simples éruptions de boutons à l'infection purulente jusqu'à la tumeur, mais dans ces derniers cas il y faut d'autres facteurs. Si Vénus dans le thème est liée par aspect à la Lune, au Soleil ou à Jupiter, on peut avoir des bouffées de chaleur, des vertiges et parfois des évanouissements.

A surveiller également une tendance boulimique qui peut devenir un véritable enfer, car la personne passe de l'autosatisfaction la plus jouissive à l'autopunition la plus cruelle.

Enfin, chez l'homme surtout, des inflammations ou échauffement des parties sexuelles sont possibles si le natif abuse pendant le carré de ses pulsions en ce domaine.

• *Sur le plan événementiel*, le carré de Pluton peut se manifester ou dans le domaine pécunier ou dans le domaine sentimental (très souvent dans les deux).

Vénus représentant les valeurs auxquelles nous tenons, ce que l'on possède comme biens personnels, Pluton vient sournoisement les remettre en cause en nous faisant subir une perte ou en nous mettant dans l'obligation de céder une partie de nos biens. Ce carré en transit correspond quelquefois à une période de chômage ou de non-activité, ce qui creuse le budget de façon notable.

Mais c'est le plus souvent dans le domaine sentimental que Pluton se manifeste. Nous avons tous des fantasmes, des désirs inavouables, des pulsions secrètes que nous refoulons en temps normal. Pluton, c'est l'instinct en nous, c'est le côté trouble de notre libido, c'est l'animal en nous. Lorsque le carré (ou le transit par conjonction) intervient, les barrières que notre inconscient avait dressées tombent une à une.

L'instinct libéré, celui-ci remonte à la surface, s'impose à nos pensées puis

bien sûr à nos actes. Nous éprouvons alors l'envie de nous laisser aller, de vivre nos pulsions, nos fantasmes, car ce désir est impérieux, obsessionnel. Ainsi nous pouvons être attirés sexuellement par des êtres qui, à première vue, ne correspondent pas ou peu à nos goûts. Ou bien subir une frustration du fait d'un lien existant déjà et que notre moralité nous empêche de trahir.
Il est possible de subir l'emprise d'une personne qui abuse de notre faiblesse pour exercer un pouvoir quelconque sur nous. Celle-ci peut en profiter pour nous humilier, nous rabaisser ou assouvir ses fantasmes personnels.
A ce niveau-là, il est important de souligner qu'aucun jugement n'est possible vis-à-vis de notre éthique personnelle, de ce que nous jugeons bien ou mal. Pluton faisant partie de notre thème, il s'exprime naturellement, même si nous sommes conscients qu'il ne faut pas lui laisser prendre trop de place dans notre psyché. Si nous cédons à nos pulsions, c'est parce que nous l'avons bien voulu et le carré de Pluton se trouve être le déclencheur d'une situation que nous appelions de tous nos sens auparavant sans pouvoir la réaliser. La passion brûle et nous le savons, mais qui n'a jamais rêvé de se laisser emporter par des sentiments enfiévrés, des désirs incontrôlés ?
Cependant, il existe de réels dangers à de telles attitudes et il faut en tenir compte. Outre le fait que des sévices puissent être perpétrés à notre encontre (viol, inceste, etc.), un risque de dépersonnalisation existe si la relation est trop poussée. A force de trop penser à l'autre, à ses fantasmes ou à nos angoisses personnelles, on risque de ne plus savoir qui l'on est réellement. La fin du carré peut ressembler à une libération pour celui ou celle qui a vécu ce genre d'expérience. En étant allé jusqu'au bout de ses blocages ou de ses fantasmes, on a touché le fond, éprouvé la sensation du vide, du néant et, constatant qu'il est difficile d'aller plus loin, on commence à remonter lentement vers la lumière.

• *Sur le plan spirituel et karmique*, c'est par cette remontée vers la lumière, vers l'authenticité du principe de fusion représenté par Vénus que nous comprenons la portée du carré de Pluton. Période éprouvante s'il en est, elle nous permet cependant de faire la différence entre nos désirs et nos besoins.
C'est en allant au bout de ses désirs par l'expérience du carré, que l'être perçoit quels sont ses réels besoins.
« Tout homme a sa pente fatale », écrivit Michel Tournier dans *Vendredi ou les limbes du Pacifique*.
Cette pente fatale correspond un peu à Pluton en nous. Par le défi qu'il lance à Vénus, il demande à l'être de souiller son âme pour un temps jusqu'à ce qu'il éprouve ardemment le besoin d'être purifié. Débarrassée de ses scories qui gênaient sa compréhension de l'amour, l'âme peut alors adhérer à la vibration positive qui crée en permanence l'Univers dans la compréhension de son évidente participation.

Comment le positiver ?

En restant le plus possible lucide, ce qui n'est pas toujours évident, entre les vagues d'assaut de notre subconscient et en faisant le point en permanence. En repérant les périodes où aucune planète ne vient tempérer la situation afin de se préparer à traverser une période d'épreuves qui seront en fait une sorte d'initiation. Plus l'impact sera lourd et insistant, plus nous comprendrons notre nature instinctive. Qui n'a pas éprouvé la douleur, ne connaît rien au bien-être et au bonheur.
Vénus étant reliée analogiquement à l'art sous toutes ses formes, on peut transcender ce carré en exprimant son Pluton à travers une œuvre. Ces œuvres risquent d'être assez tourmentées, inquiétantes ou provocantes, mais elles seront le miroir de l'être intérieur convulsé.
Une bonne façon de le positiver reste, si c'est possible, de passer au stade uranien. C'est-à-dire en remontant à nos propres valeurs, en nous démarquant vis-à-vis de l'entourage, en exprimant notre anticonformisme. On peut également voyager (surtout dans les pays d'Afrique noire) en communiquant sans forcément se lier affectivement, en vivant naturellement dans un rapport instinctif avec la nature.
Le carré passé (2 à 3° après le dernier passage, ce qui équivaut de huit à dix mois), on retrouvera progressivement le sourire, la disponibilité du cœur et l'envie d'aimer vraiment.

PLUTON CARRE A MARS NATAL

Sont ici en présence deux énergies masculines qui peuvent être tout autant dynamisantes que destructrices. Pluton étant l'octave supérieur de Mars, le défi auquel est soumis ce dernier peut aisément tourner au duel intérieur, voire à la guerre intestine.
Par le carré, Pluton tend à la démesure. Il trouve en l'énergie martienne une proie toute qualifiée. Le sens généralement accordé à Mars étant l'action, les initiatives personnelles et le désir, cette démesure se manifeste sur l'un ou l'autre de ces plans selon les individus.
Globalement, il s'agit d'une période entraînant une transformation progressive de nos capacités d'action. Changement d'activité, métamorphose de nos désirs ou arrêt momentané d'une activité, nombreuses sont les réactions possibles sous un tel aspect.
Cette période qui s'échelonne sur deux ou trois ans, se passe en trois temps, rythmée par les rétrogradations de Pluton : avant le carré, nous traversons une période d'incertitude concernant notre travail, nos activités. Nous en avons « marre de tout » et nous nous investissons de moins en moins dans ce que nous faisons.

De plus, certains éléments de notre quotidien, certaines personnes partageant nos activités nous mettent des bâtons dans les roues. La période qui suit peut amener une crise intérieure qui se caractérise par un sentiment d'impuissance. Ce climat stressant s'amplifie pendant la phase de rétrogradation, mais nous avons tendance à l'intérioriser, conscients des retombées possibles sur notre vie professionnelle. Si Mars natal est en Scorpion ou en Bélier, il sera plus difficile à maîtriser.
Enfin, la dernière période en marche directe de Pluton révèle les conséquences de notre réaction à ce climat de crise. Si nous réagissons d'une manière agressive, toutes les issues nous sembleront fatales : colères violentes, agression incontrôlée, paroles virulentes, etc. Si nous avons, au contraire, accepté auparavant de changer de cap, nous passerons cette épreuve sans autre dommage que l'abandon d'une attitude qui nous était néfaste ou d'une activité qui ne nous convenait plus.
Cet aspect concerne également la transformation de notre conception du désir. Ici aussi le climat précédant le premier carré est lié à une frustration (le plus souvent sexuelle) qui se transforme en agressivité latente.
Pour une femme déjà liée, la tentation est forte d'avoir un amant, mais elle devra prendre garde aux intentions réelles de ce dernier et veiller à ne pas générer de drames en étant imprudente ou manipulatrice. Elle peut aussi bien connaître les délices d'une brûlante passion que les tourments de la possession physique.
Pour un homme, ce carré de Pluton à Mars peut tout autant exacerber ses pulsions comme les affaiblir pour un temps. Cela dépend de la nature de son Mars natal et des aspects qu'il reçoit des autres planètes en transit.
L'axe Taureau/Scorpion et les maisons II et VIII sont des domaines privilégiés pour ce carré de Pluton. Si tel est le cas, des excès de toutes sortes sont possibles : crises de jalousie, sadomasochisme, viol, etc. Cependant ces débordements de notre libido sont plutôt le plus souvent vécus intérieurement sous forme de fantasmes. Cet aspect de Pluton fait naître des désirs jusque-là inconnus. L'envie de connaître autre chose est présente, mais cela nous fait peur.
En fait, nous avons besoin de renouvellement dans l'expression de nos désirs et ceux de notre partenaire, de nous provoquer. Avec un peu de recul, nous nous apercevrons peut-être que depuis un certain temps (avant le premier carré exact), nous étions un peu trop ancrés dans la routine ou blasés.
Le dernier carré dépassé, nous réaliserons que nous avions une attitude un peu trop attentiste vis-à-vis de notre partenaire ou que nous étions un peu trop crispés, bloqués dans notre relation avec les autres.

• *Sur le plan physiologique*, cet aspect peut entraîner une diminution des globules rouges (dans ce cas, le manque de fer peut être compensé en adoptant un régime approprié).

Pendant cette période le natif est sujet aux infections bactériennes ou virales. Les glandes surrénales sont également sujettes à des disfonctionnements fréquents. Tout le système musculaire peut subir des chutes brutales de tonus. Des périodes de repos à la campagne ou des cures de relaxation à la maison seront profitables. Il est bon de repérer les transits de Mars céleste et de Saturne afin de connaître les périodes où le carré de Pluton peut affecter notre santé.

• *Sur le plan spirituel et karmique*, cet aspect est destiné à éprouver notre capacité d'action, notre esprit d'entreprise, notre pouvoir d'initiative. Le mot initiative vient du bas latin *initiare* qui signifie commencer. La fonction principale de Mars est de commencer, le diagramme de son symbolisme le montre, avec sa flèche qui sort du cercle (♂). Or bien avant le carré de Pluton, comme par hasard, nous sommes dans une situation de stagnation, une période où nos activités sont réduites à la routine quotidienne. Pluton par le carré demande à Mars de recommencer quelque chose. Quelque chose qui satisfasse notre désir d'actions nouvelles, qui nous prouve que nous sommes capables de nous dépasser. Avec Pluton, on peut se surpasser. Même situation sur le plan sexuel, surtout pour l'homme dont la certitude de sa virilité est synonyme de force et de courage. La réaction primaire à ce type d'aspect est la révolte, l'agressivité. Une des réactions les plus saines consiste à accepter le défi posé par Pluton.
Quelque chose arrive à son terme, nous avons envie de changer de travail, d'activités, de loisirs ? Eh bien, commençons autre chose !
Pluton en nous n'admet ni les compromis ni la médiocrité. Il préfère détruire plutôt que composer, casser plutôt que recoller les morceaux. « Si ton vin est aigre, répand-le ! » semble dire Pluton à notre Mars.
C'est la leçon karmique de ce carré, et plus encore si le Mars natal est rétrograde ou carré aux Nœuds lunaires. Il nous est conseillé d'agir, sinon nous nous ferons manipuler. C'est par l'action que nous nous prouverons la force de notre volonté et combien nous serons satisfaits, à la fin du dernier carré exact, d'avoir pris les décisions qui s'imposaient, d'avoir relevé le défi de Pluton, sans haine ni violence.

Comment le positiver ?

Si le Mars natal est très agressif, on peut le canaliser en débutant la pratique d'un sport martial ou qui demande une audace particulière (le stock-car par exemple). Cependant si le Soleil est en signe d'Eau (sauf pour le Scorpion), il peut y avoir un blocage stressant au premier carré exact[1].

[1] Bien entendu, dans le cas où ni Mars ni le Soleil natal ne reçoivent des aspects dissonants.

La période de rétrogradation est la plus propice à ce genre d'activité et à l'intégration consciente de ces craintes. On peut également éprouver une passion pour les choses très anciennes, comme la reconstruction de sites historiques, l'archéologie ou encore s'attaquer à de grands travaux de démolition et rénovation. Abattre des murs, élever des grosses poutres pour la toiture, couler une dalle en béton, voilà des activités qui serviront positivement d'exutoire aux effets de ce carré.
L'archéologie est également une noble façon de positiver ce carré : fouiller, creuser et découvrir ce qui était resté caché fait partie de la symbolique du rapport Mars/Pluton.
Selon la mythologie grecque, toutes les pierres précieuses et les métaux rares cachés sous la terre sont à Hadès (Pluton), mais il ne possède rien au-dessus du sol. La mythologie nous fournit ainsi une solution parmi d'autres pour positiver ce carré :
« Quand Héraclès demanda Cerbère (le chien des Enfers) à Hadès, celui-ci lui répondit d'un air sombre :
"Il est à toi, à la condition que tu parviennes à le maîtriser sans avoir recours à ta massue ni à tes flèches".
Héraclès saisit Cerbère au cou d'où surgirent trois têtes. Sa queue hérissée de fer se dressa, prête à frapper, mais Héraclès protégé par sa peau de lion ne relâcha pas l'étreinte et le chien, étouffé, dut céder ».
C'est en évitant les armes, en ayant recours à la ruse et au courage que nous pouvons intégrer plus facilement ce carré de Pluton.

PLUTON CARRE A JUPITER NATAL

Ce carré n'est pas foncièrement douloureux à vivre, excepté si Jupiter est carré à la Lune ou au Soleil dans le thème natal. Reproduisant de ce fait le carré natal ou formant un double carré, il affectera le moral ou la vitalité du natif. Jupiter ayant tendance à amplifier les choses, toute participation dans le ciel de cette planète à cet aspect de Pluton peut amener un climat perturbant. Généralement ce carré prédispose à une reconversion de nos possibilités d'expansion. Jupiter représentant la vocation, celle-ci peut subir de ce fait une transformation, quelquefois radicale si le carré se déroule à l'âge mûr.
Cet aspect peut également inciter à s'aventurer dans des entreprises hasardeuses. Le plus souvent l'on a tendance à avoir les « yeux plus gros que le ventre » sous un tel aspect, et les risques d'échec sont fort possibles. Par son puissant magnétisme, Pluton dans le ciel nous fait adhérer à des concepts très opportunistes, pas toujours inspirés ni forcément honnêtes.

• *Sur le plan événementiel*, nous avons tendance à nous révolter contre l'ordre établi, contre ceux qui ont des privilèges ou qui bénéficient de la chance.

Ce que l'on oublie, c'est que la chance sourit aux audacieux, et c'est précisément ce que nous souffle Pluton par cet aspect. On a également tendance à se révolter contre les inégalités sociales en prenant facilement la défense de la veuve et de l'orphelin.
Cependant, à y regarder de plus près, c'est bien de nous-mêmes que nous nous faisons le justicier. Nous réalisons avant le carré exact que la chance nous a quittés pour un temps, et avec elle l'enthousiasme et la foi. De ce fait, nous passons de la révolte intérieure à la morosité. On boude... parce que le cœur n'y est plus, parce que nous pensons que le monde est mal fait et que nous sommes poursuivis par la malchance.
En fait, nous aspirons à renouveler notre enthousiasme, nous cherchons inconsciemment d'autres façons de faire fructifier nos acquis, d'autres voies pour accéder au bonheur, si relatif soit-il. Si nous choisissons la voie de l'opportunisme ou de la facilité, nous risquons de rencontrer des personnes à la moralité plus que douteuse, à l'esprit caustique et cynique. Nous pouvons de ce fait nous laisser piéger, et nous retrouver encore plus dépossédés et amers qu'auparavant.
Si en revanche nous nous lançons dans une nouvelle entreprise ou décidons de changer de vocation, nous pouvons vivre l'expérience transformatrice de Pluton positivement. Encore faut-il être prudents dans nos affaires et intègres par rapport à notre moralité.
De toute façon, les résultats positifs de cette lente métamorphose ne seront efficaces qu'après le dernier carré exact, en gros six à huit mois après.

• *Sur le plan physiologique*, c'est le système circulatoire artériel qui peut être le plus touché. Des formations de caillots dans le sang sont possibles ainsi que la prolifération de virus et de bactéries. Les organes les plus sensibles à ce carré de Pluton sont le foie et le pancréas. Il importe donc de se nourrir sainement et de ne point abuser de substances toxiques (médicaments entre autres).

• *Sur le plan spirituel et karmique*, ce carré est destiné à nous faire prendre conscience de la relative importance des bienfaits terrestres. Par le carré, Pluton freine le principe d'expansion jupitérien afin que nous apprenions à nous limiter ; pour que nous n'ayons pas le temps de trouver normaux les joies et bienfaits que nous prodigue Jupiter. Qu'est donc la joie sans la tristesse qui la précède ?
« Plus profondément le chagrin creusera votre être, plus vous pourrez contenir de joie » écrit Khalil Gibran dans *Le prophète*.
Et Pluton est là pour nous le rappeler, avec ses inquiétudes, ses instants de déprime, ses fréquents retournements de situation où tout a l'air de nous glisser entre les doigts. Il nous demande un certain détachement vis-à-vis des choses matérielles et des bienfaits terrestres. Il nous invite à reconsidérer ce

qu'est la richesse afin que nous découvrions au plus profond de notre être nos richesses intérieures, dont nous nous occupons assez rarement.
Ainsi avec un Jupiter rétrograde ou carré aux Nœuds lunaires dans le thème natal, Pluton sera intransigeant :
« Pour cette incarnation, il ne t'est pas permis de t'enrichir de cette manière » semble-t-il dire à Jupiter.
Et celui-ci sera bien forcé d'abdiquer tôt ou tard, se rendant compte que tous les efforts faits en vue de l'opulence seront systématiquement minés. Il se dirigera plutôt vers une expression supérieure de l'expansion jupitérienne : celle du Sagittaire dont il est le maître, celle de l'enthousiasme spirituel (dans la racine du mot enthousiasme, nous trouvons « *théo* » qui signifie Dieu en grec.)
Ce bonheur intérieur, le natif pourra le trouver dans une religion, une philosophie ou dans les voyages qui enrichissent l'esprit et nous font apprécier l'œuvre de la Création.
Si Jupiter est conjoint au Nœud sud, le carré de Pluton peut se révéler déstabilisant. Pluton viendra miner tous ses efforts en vue de thésauriser, réglant ainsi quelques « dettes » liées au passé. Exception faite toutefois pour un Jupiter relié harmoniquement aux autres planètes. Dans ce cas-là, le carré de Pluton l'aidera à réviser ses objectifs et l'amènera à plus de discernement dans ses occupations professionnelles.
Avec Jupiter conjoint au Nœud nord dans le natal, c'est un avertissement que Pluton lance au natif en lui mettant des bâtons dans les roues afin qu'il réalise que la route vers la réussite n'est jamais exempte de chutes ou de revers de fortune.

Comment le positiver ?

En acceptant tout d'abord de perdre, de se déposséder. Le carré durant de deux à trois ans, cette période de vaches maigres nous permet d'expérimenter des voies parallèles, vu que tout est à espérer.
Cependant un tel aspect nous rendant opportunistes, mieux vaut se défier de toute attirance vers les jeux d'argent et la spéculation. Nous pouvons également être attirés par le magnétisme d'un être étrange mais séduisant qui peut nous entraîner à la dérive financière.
Au-delà du bien et du mal, nous avons certaines expériences à vivre qui nous font parfois toucher le fond, mais nous aident aussi à comprendre la vanité du pouvoir de l'argent. Une des meilleures façons de le positiver semble être de faire souvent la fête et de régaler joyeusement son entourage. Même sans grands moyens, il est possible de s'amuser en laissant libre cours à ses pulsions, par la danse notamment qui est un excellent exutoire à ce type de carré.

PLUTON CARRE A SATURNE NATAL

Il s'agit plus d'un combat intérieur entre nos instincts et notre conscience que d'une crise d'identité. La façon dont a été faite notre éducation ou ce que nous en avons fait est remise en question afin de se renouveler par le carré de Pluton. En fait, durant les quelques deux ou trois ans que dure cet aspect, nous savons très bien — trop bien — qui nous sommes.
Ce qui nous pose véritablement un problème, c'est l'obsession quasi omniprésente que tout se ligue contre nous, faits et gens. Pourtant, nous le verrons en fin de chapitre, ce sont nos convictions personnelles, nos principes, notre acquis culturel et social que Pluton par le carré va bouleverser, remettre en question. Probablement pour que nous cherchions au fond de nous-mêmes ceux qui freinent notre évolution nous empêchant de grandir.
Cet aspect a un fort impact sur le plan psychologique. Une longue période s'annonce pendant laquelle progressivement nous devenons de plus en plus sceptiques, nous nous assombrissons. Le plus souvent, nous nous sentons engagés dans une voie qui semble sans issue ou victimes d'injustices sociales. Nous pouvons devenir fatalistes ou cyniques selon le degré d'évolution.
Si professionnellement nous avons des responsabilités, nous pouvons éprouver une baisse d'intérêt, voire un dégoût pour nos fonctions. Nous constaterons également une perte d'autorité ou un manque de respect de la part de nos partenaires sociaux. Si ce n'est pas le cas, l'atmosphère au travail sera vécue dans la crainte d'être mal jugé ou d'être licencié.
Dans la vie quotidienne, cet aspect se traduit par un certain laisser-aller, un relâchement des efforts consacrés à la maison aux tâches ménagères. On se sent las et on n'a plus de goût à rien. Parfois on entre dans des états moroses, voire morbides on se complaît bizarrement, malgré soi. L'entourage a beaucoup de mal à percevoir ce malaise intérieur que nous-mêmes n'arrivons pas à expliquer. Pour un natif du Cancer, de la Vierge ou des Poissons, ce carré de Pluton peut mener à la dépression.
Saturne représentant la confiance en soi, le carré de Pluton amène un tel climat d'insécurité qu'il nous semble que tout peut arriver : accident, coup du sort, mort, catastrophe financière, etc. Il est possible de se sentir obnubilé par l'idée de la mort, de se croire la victime de malédictions ou d'envoûtement. Ou encore victime de la société, de la société humaine tout entière.

• *Sur le plan physiologique*, notre organisme devient de plus en plus vulnérable et nous sommes beaucoup plus sensibles aux virus et bactéries. Le manque de calcium étant fréquent sous ce type d'aspect, il est nécessaire de bien se nourrir, principalement en produits laitiers ou dérivés. Au niveau de la peau, dont la structure est en relation avec la planète Saturne, de petits kystes ou excroissances de chair peuvent apparaître. Des infections urinaires sont également possibles, mais il y faut d'autres aspects.

Chez l'adolescent, le carré de Pluton peut provoquer un ralentissement de la croissance ou des douleurs au niveau de la colonne vertébrale.
Du fait de la présence de Pluton notre Saturne, qui est la clé de voûte de notre corps, tend à perdre de sa robustesse, de son indispensable maintien. Ainsi des scolioses ou des déplacements de vertèbres peuvent intervenir pendant cette période. Dans les cas de fractures ou d'opérations des os, des précautions sont à prendre lors des périodes de convalescence et de rééducation si l'on veut éviter des complications.
Les aspects qui lient Saturne aux autres planètes et la maison qu'il gouverne nous renseignent sur sa solidité et sa résistance.

• *Sur le plan événementiel*, il est fréquent de constater une tendance à se replier sur soi, à éviter de se confier même à sa propre famille.
Saturne étant en analogie avec l'éducation et le rôle social, le carré de Pluton tend à détruire, sinon à transformer, tout ce que nous avions élaboré depuis des années. Tout ce qui nous semblait solide, durable, est alors remis en question. Il devient nécessaire de revoir nos bases.
Ainsi nous pouvons avoir des problèmes avec notre propriétaire, notre employeur. Si nous poursuivons des études, nous pouvons être pris en grippe par l'un des professeurs ou c'est nous qui le prendrons en grippe. Sous certains aspects, des personnes mal intentionnées cherchent à nous déstabiliser, au niveau de notre travail comme celui de notre logement.

• *Sur le plan spirituel et karmique*, ce carré est destiné à nous faire réviser certains concepts sur lesquels nous nous reposions depuis longtemps. Les certitudes et principes sur lesquels nous nous appuyions, l'éducation reçue, les connaissances acquises, tout cela est destiné à être revu et corrigé sous cet aspect. Pour cela Pluton va puiser dans ceux-ci les règles de vie trop strictes, les tabous inutiles, les peurs infondées, les blocages, et les ramener à la surface.
C'est une des raisons pour lesquelles nous nous sentons mal à l'aise sous cet aspect, ayant non seulement la sensation d'être mis à nu, mais également l'impression que tous nos secrets, tous nos fantasmes et mystères vont être dévoilés. Fort heureusement, cette extrême lucidité dont nous faisons preuve n'est pas le lot de notre entourage, lequel s'inquiète plutôt de notre santé.
Généralement sous cet aspect, nous sommes confrontés directement à la peur, nous comprenons alors ce qu'est la crainte. De quoi avons-nous réellement peur ? De mourir, d'être abandonnés, licenciés ? Ou plutôt de notre patron, de notre voisin, de notre professeur ?
En fait, n'avons-nous pas plutôt peur de ne pas être à la hauteur de la situation, de nos ambitions ? Une fois mise à nu par le carré de Pluton, notre psyché va se régénérer en éliminant tout ce qui est superflu, obsolète ou n'ayant plus de raison d'être.

Ainsi débarrassés de nos blocages, de nos craintes, nous pourrons laisser s'exprimer en nous un esprit plus lucide, plus clair et surtout plus sûr de lui. La purification aura été accomplie, l'épreuve transcendée pour le plus grand bien de notre psyché.
Si Saturne est rétrograde dans le thème natal ou carré aux Nœuds lunaires, nous pouvons avoir affaire à la justice ou à l'Administration.
Nous pouvons ainsi descendre l'échelle sociale pour nous retrouver à notre véritable place, celle que nous avions choisie pour notre programme de vie.
Si Saturne est néanmoins harmoniquement relié aux autres planètes dans le natal, cette épreuve intervient au moment où nous avons besoin de nous confronter à la concurrence — souvent déloyale — afin d'acquérir largesse d'esprit et intégrité.

Comment le positiver ?

Pluton peut amener une vision plus lucide de notre éducation et de nos principes de vie. En conséquence, il ne faut pas hésiter à remettre en question certaines certitudes que l'on pensait inébranlables.
Il faut peut-être se lever chaque matin en pensant que c'est le dernier jour de notre existence et froidement se regarder dans le miroir en cherchant en nous ce qui est essentiel, en se débarrassant du déjà vu. Nous pouvons également effectuer d'importants travaux de reconstruction ou démolir une ancienne habitation afin d'en reconstruire une nouvelle.
Pluton en nous ne se satisfait pas uniquement de détruire, sa fonction positive est de transformer, régénérer, rénover, purifier. On peut également faire un « ménage de printemps » dans sa bibliothèque en ne conservant que ce qui est absolument indispensable. Sans compter que l'on peut y faire des découvertes !

PLUTON CARRE A URANUS NATAL

Uranus représentant les potentialités les plus inhérentes à l'individu, cet aspect de Pluton amorce une période de l'existence où celles-ci vont être mises en veilleuse pour un temps.
Ce que nous avons de plus personnel, nos aspirations créatives, notre valeur intrinsèque vont devoir s'effacer devant le carré de Pluton. Cependant, nous le verrons en fin de chapitre, si elles s'effacent pour un temps, c'est pour mieux se redessiner après avoir connu les pires conditions de leur expression.
Uranus représentant aussi notre entourage, le milieu dans lequel nous avons évolué jusqu'à présent va être modifié suivant les nouveaux schémas que notre subconscient souffle à notre psyché. Suivant la valeur initiale de notre

Pluton natal, nous allons nous entourer de personnes (plus ou moins bien intentionnées) qui vont contribuer (ou pas) à la mise en valeur de nos capacités.

Ainsi, nous pouvons rencontrer des gens qui nous font comprendre et expérimenter des situations hors du commun, marginales, révolutionnaires ou dangereuses suivant le thème natal. On peut également subir l'influence pernicieuse de personnes intrigantes ou malhonnêtes qui nous feront vivre une sorte de dépersonnalisation ou plutôt de désindividuation.

Au positif, cet aspect peut coïncider avec une période de véritable initiation concernant nos possibilités d'expression personnelle. Un nouvel entourage peut nous ouvrir l'esprit en nous faisant toucher du doigt là où il y a blocage. Après un premier temps de révolte intérieure, nous comprenons que notre nature instinctive est à explorer, à exploiter et que cette expérience peut nous révéler à nous-mêmes.

Ainsi de riches potentiels de créativité peuvent surgir sous cet aspect, particulièrement si Pluton et Uranus font des aspects harmonieux aux autres planètes dans le thème natal. Uranus est la planète des grands changements, des moments forts de notre existence. Pluton est la planète des remises en question, des grandes métamorphoses. Il existe donc un lien subtil entre les deux duquel nous pouvons tirer de grands bénéfices pour peu que nous acceptions la descente en nous-mêmes, dans les profondeurs du subconscient. Ce qui est certain, c'est que cette période de l'existence va être bouleversante à plus d'un titre, que nous la positivions ou non.

• *Sur le plan psychologique*, on peut se sentir désorienté face à de nouveaux concepts qui dépassent l'entendement. On peut se révolter et se montrer intraitable avec son entourage actuel, pressentant que certaines routes dont la nôtre vont diverger. Des idées révolutionnaires — pas toujours très positives — traversent l'esprit. On peut durant cette période être intrigué par tout ce qui est occulte, secret, magique ou subir l'influence de personnes pratiquant la magie noire, le spiritisme ou les rites vaudous au plus bas niveau. De ce fait, on risque de grosses frayeurs ou de vivre dans l'angoisse d'événements dramatiques touchant à l'entourage immédiat. Toutes ces errances de l'esprit ne font en général pas grand bruit, mais elles peuvent générer des troubles psychiques chez certaines personnes sensibles.

• *Sur le plan physiologique*, ce sont les nerfs qui vont être les plus sensibles à cet aspect. On peut devenir sujet à des tics nerveux, des tremblements, le système nerveux autonome étant « travaillé » par l'énergie plutonienne. On a aussi bien la sensation d'être paralysé que celle d'exploser. Les fonctions de digestion, respiration et rythme cardiaque peuvent également être perturbées. Il faut resituer la nature de l'Uranus natal par rapport à cet aspect afin de saisir comment va agir Pluton en le prenant en carré. C'est la maison où se trouve l'Uranus du thème qui va opérer sa métamorphose. Et les événements liés à cet aspect viendront en grande partie de la maison qu'il gouverne.

• *Sur le plan spirituel et karmique*, le carré de Pluton à Uranus natal est destiné à faire sortir des limbes du subconscient le principe d'individuation qui caractérise tout être. Par cet aspect, Pluton demande à Uranus de dévoiler son potentiel de créativité, il lui demande de se démarquer. Chaque individu est unique, au sens littéral du terme, et Pluton va contribuer par le carré à faire ressortir cette particularité. La fonction négative d'Uranus, c'est la dispersion de ce principe d'individuation. C'est se conformer aux idées d'un groupe, d'un entourage de travail, d'une famille. Si tel est le cas, Pluton va nous déloger de cette ambiance, et comme Pluton en nous ce sont nos racines, notre nature instinctive, c'est par celles-ci que nous nous démarquerons. Ainsi détaché du conformisme et des idées reçues, nous nous sentirons libres, avec le sentiment d'être uniques et appréciés comme tels. Dès lors nous pourrons, à la fin du dernier carré exact, exprimer cette unicité à travers nos facultés d'expression. Si Uranus est rétrograde ou carré aux Nœuds lunaires dans le natal, le risque est grand de se voir pris en charge par un groupe ou materné par une sécurisante famille, ce qui n'est pas foncièrement négatif, mais il ne faut pas y voir une fin en soi.
Si Uranus est conjoint au Nœud sud dans le natal, c'est tout un acquis karmique que Pluton par le carré va faire resurgir. Une période de déstabilisation peut présider au premier carré exact, mais la période de rétrogradation et plus encore le dernier passage direct va amener l'Uranus natal à l'émergence de potentialités jusque-là insoupçonnées. C'est en quelque sorte le coup de baguette magique.
Si Uranus est conjoint au Nœud nord, le carré de Pluton mettra plus de temps à opérer la métamorphose.
Il faudra que le natif cherche en lui-même ce qu'il a de plus particulier, de plus original et qu'il commence à l'exprimer. Les âges de dix-huit ans et trente-sept ans (Nœud nord transitant Uranus natal) lui montreront la voie à suivre pour se réaliser.

Comment le positiver ?

En ayant l'esprit d'avant-garde et en étant ouverts aux idées non-conformistes. Les barrières que nous mettons à l'expression particulière de notre personnalité doivent s'ouvrir, sinon sauter. Pluton représentant notre instinctivité, nos racines (raciales, familiales), le défi qu'il lance à ce qu'il y a de plus personnel en nous peut s'exprimer par une recherche de notre être essentiel. En clair, notre authenticité. Ainsi nous pouvons nous démarquer en

vivant d'une manière originale nos pulsions, en cultivant un humour d'où la lucidité et la franchise ne sont pas exclues. Nous pouvons également retourner à nos racines en retrouvant le pays qui nous a vu naître ou en voyageant à la manière des grands aventuriers. Nous pouvons aussi apporter à une forme d'art un élément nouveau d'expression si le Pluton natal est en maison II ou V, ou si Uranus est lié à Vénus dans le natal.
Si Uranus se trouve dans le signe de la Vierge, Pluton par le carré en Sagittaire peut l'initier aux mystères des disciplines ésotériques ou lui faire entreprendre un travail de recherche dans les domaines de la médecine ou de la vie quotidienne.

PLUTON CARRE A NEPTUNE NATAL

Tout comme la conjonction ce carré entraîne une remise en question de nos idéaux.
Etant donné la lenteur avec laquelle se déplacent ces deux planètes — respectivement deux cent quarante-huit ans et cent soixante-cinq ans — cet aspect ne concerne que les générations ayant Neptune dans le signe du Cancer (nées entre 1901 et 1916) et celles ayant Neptune en Lion (nées entre 1916 et 1928), celles ayant Neptune en Vierge n'étant pas encore concernées par ce carré.

Pour la génération ayant *Neptune en Cancer*, le carré de Pluton à leur Neptune natal s'est produit entre 1972 et 1983 suivant les années de naissance (Pluton dans le signe de la Balance). Les années soixante-dix ont vu les idéaux liés à la famille et à la patrie de ces natifs s'évanouir. La multiplication des divorces, l'insécurité grandissante et le galvaudage des notions d'amour et de respect ont contribué à leur désenchantement.

Pour les générations ayant *Neptune en Lion*, le carré de Pluton à leur Neptune en Lion s'est produit ou se produira entre 1983 et 1995 suivant les années de naissance (Pluton dans le Scorpion).
Ces générations dont la plupart sont nées entre les deux guerres (ce que l'on a appelé bizarrement la « Belle Epoque ») sont porteuses d'un idéal lié à la gloire et la supériorité de l'être humain.
L'homme est magnifié ainsi que l'amour des enfants. Les années quatre-vingt leur réservèrent bien des surprises lorsqu'ils s'aperçurent des dégâts causés à la planète par celui qui refuse d'être considéré comme un animal : l'homme. Et pourtant... les guerres continuent de tuer des enfants, au nom de l'honneur et de la gloire (et le bonheur des marchands d'armes). Ces générations qui vouaient un culte à leurs chefs militaires ou politiques eurent à réviser leur trop grande confiance en l'homme.

Quant aux générations ayant *Neptune en Vierge* (nées entre 1928 et 1942), ce carré de Pluton se produira à partir de 1995. La foi — aveugle pour certains — qu'ils accordent à la science rationnelle et à la chimiothérapie sera sans doute remise en question dès l'arrivée de Pluton en 1996 dans le signe du Sagittaire. Précisons toutefois que ces aspects constituent tout au plus une toile de fond commune qu'il faut resituer par rapport aux années de naissance et, bien sûr, au thème natal.
Seul le plan psychologique est à considérer, et encore il diffère selon les natifs, leur race, leur éducation et leur élévation personnelle.

PLUTON CARRE A PLUTON NATAL

Du fait de l'extrême excentricité de cette planète dans sa course autour du Soleil, sa vitesse varie selon les parties du zodiaque qu'elle traverse.
Ainsi ce carré de Pluton à lui-même intervient pour les natifs de la seconde moitié du siècle vers l'âge de la quarantaine alors qu'une personne née en 1920 a éprouvé ce carré vers l'âge de cinquante-cinq ans. Pluton dans le ciel apportant par le carré une remise en question en même temps qu'une révélation sur notre Pluton natal, nous constatons de ce fait l'extraordinaire accélération de ce processus pour les générations nées après la Seconde Guerre mondiale.
De plus Pluton se trouvant pendant les années quatre-vingt-dix à son point le plus rapproché du Soleil donc de la Terre (périhélie), son impact sur la psyché humaine est encore plus puissant. Cet aspect n'est pas foncièrement pénible à vivre; sauf si nous refusons d'évoluer, si nous refusons d'accepter la remise en question de nos instincts, de nos pulsions intérieures, de nos blocages dus à la peur.

Pour les générations ayant *Pluton en Cancer*, les problèmes liés à la famille et à la progéniture ont pu devenir plus importants durant cet aspect. Néanmoins, Pluton par le carré leur aura appris à lâcher prise, à devenir moins émotives.

Pour les générations ayant *Pluton en Lion*, le carré de Pluton en Scorpion les oblige à accorder moins d'importance à l'ego ainsi qu'aux valeurs refuges de l'amour. C'est par la création personnelle qu'ils peuvent sublimer ces pulsions vitales, notamment par un art visuel, qui flattera gentiment leur orgueil.

Pour les générations ayant *Pluton en Vierge*, ce carré de Pluton à lui-même interviendra à partir de 1996 suivant les années de naissance. Les carences au niveau des études et la mentalisation extrême dont font preuve ces générations vont être remises en question par le carré de Pluton en Sagittaire. Celui-ci leur insufflera le goût d'entreprendre, de voyager, le goût des études supérieures, philosophiques ou spirituelles.

PLUTON CARRE AUX NŒUDS LUNAIRES

Cet aspect constitue plus une toile de fond sur le plan psychologique qu'une échéance dans la trame de notre destinée. Cependant si d'autres transits opèrent dans le même temps, il peut aider au changement, au même titre qu'un transit d'Uranus. Se situant au double carré de l'axe des Nœuds, Pluton jette un regard sans complaisance sur notre passé et notre futur. Il incite à la métamorphose, mais laquelle ? Cette période s'avère assez déstabilisante, même si elle dure un peu moins de temps que les carrés aux planètes du thème (l'orbe de ce carré est assez réduit, 1 ou 2° avant et après le carré exact, c'est-à-dire quatre à six mois).

• *Sur le plan psychologique*, nous sentons que quelque chose ne tourne pas rond, que les « recettes » du passé s'épuisent et qu'il est temps de changer quelque chose dans son existence.
Afin de mieux analyser cette période, il est intéressant de voir le rapport qu'entretient Pluton avec le régent karmique du Nœud sud dans le natal[1]. C'est ce dernier que Pluton remettra en cause par le carré. Dans le même temps, puisqu'il s'agit d'un axe, il va nous inciter à nous occuper un peu plus de notre Nœud nord et de son régent karmique[2].
Celui-ci nous renseignera sur la voie à suivre, et la maison qu'il occupe dans le natal sera notre prochain « décor » dans la tranche de vie nouvelle qui s'amorce.

• *Sur le plan spirituel et karmique*, ce carré intervient lorsque nous hésitons trop sur le chemin à prendre en vue de nous réaliser. Par le carré, Pluton nous déstabilise en provoquant une situation dans laquelle nous avons l'opportunité de faire un choix. Si nous sommes trop liés aux expériences du passé karmique, nous serons assez secoués par le carré de Pluton, mais nous ne serons pas obligés de renoncer pour autant.
Si nous sommes préparés à un changement d'orientation ou déjà sur la voie de notre devenir, alors Pluton nous aidera à faire les choix qui s'imposent en brisant les chaînes qui nous retenaient. Si Pluton est lié harmonieusement aux Nœuds lunaires dans le natal, la transition se fera naturellement.

[1] Le régent karmique du Nœud sud est la planète qui gouverne le signe dans lequel il est situé. Ex. : N.S. en Cancer régent karmique : la Lune.

[2] Idem pour le Nœud nord.

Avec un Pluton rétrograde dans le natal, il faut s'attendre à « un règlement de compte » avec le passé et accepter la transition, si déstabilisante soit-elle, surtout si Pluton dans le ciel rétrograde au carré des Nœuds.

Comment le positiver ?

Tout d'abord en étant conscient de son devenir et de la voie à suivre pour l'évolution de son karma[1]. On peut se préparer psychologiquement à ce carré en réglant tous les problèmes du passé attachés au Pluton natal. Les périodes où Pluton fait toucher le fond doivent être analysées en profondeur afin de ne pas répéter les mêmes schémas. Idem pour le régent karmique du Nœud sud lequel peut nous faire régresser malgré le coup de gong plutonien.
Il faut enfin conserver son calme et son humour, car il en faut avec Pluton !

[1]Lire du même auteur en collaboration avec Laurence Larzul, *Les Nœuds lunaires*, paru chez le même éditeur.

Epilogue

La sagesse populaire nous enseigne que dans toute situation épineuse, il faut savoir arrondir les angles. A la pratique, il s'avère que c'est la plus sage des attitudes lors d'un carré. Si le cercle a une certaine quadrature, le carré a aussi sa rotondité. L'angle parfaitement droit de 90° est en effet une vue de l'esprit, un concept propre à l'être humain. Rien dans l'Univers, dans la nature ou sur notre Terre n'est parfaitement carré ni absolument droit si ce n'est ce que l'homme crée.

Le cercle et la spirale semblent, en revanche, participer d'une logique universelle. Le cercle se vérifie dans la forme des planètes, la spirale se confirme dans le processus évolutif des cycles planétaires.

L'homme de demain devra sans doute apprendre à vivre, à penser et à créer en tenant compte de ces données fondamentales. Le point, l'angle droit, la ligne droite sont des concepts obsolètes, ne visant qu'un seul but : arrêter les choses. Sans doute pour nous rassurer, pour définir quelque chose de stable, de rationnel.

A l'aube du troisième millénaire, nous découvrons qu'il n'en est rien, que la stabilité est relative et que rien n'est définitif. De plus en plus, nous nous pénétrons de l'idée d'infini, du concept d'éternité. C'est ce que l'être humain de cette fin de siècle a le plus de mal à saisir. C'est en partie à cause de cela que nous vivons les carrés des planètes lentes de manière conflictuelle. Nous ne sommes en réalité pas très loin de l'attitude de nos ancêtres qui, lors d'un orage, avaient si peur que le ciel ne leur tombe sur la tête. Nous devons trouver un juste équilibre entre cette appréhension de l'échéance planétaire et l'attitude passive d'une certaine soumission à l'ordre cosmique. Il nous faut réaliser notre participation relative mais active, non seulement aux événements que nous vivons lors d'un aspect, mais également à tout processus planétaire et cosmique.

Encore une fois, tout est lié. C'est dans cette perspective que l'homme du nouvel Age pourra trouver son équilibre, conscient que celui-ci est relatif et nécessite sa participation. Ainsi le carré en Astrologie aura pour lui une toute autre portée.

Si les activités de Patrick Giani vous intéressent (cours d'astrologie par correspondance, consultations, stages et ateliers de connaissance de soi), écrivez à l'adresse suivante :

Patrick Giani
« Le Lyautey » D8
520, rue Saint-Hilaire
34000 MONTPELLIER

Table des matières

*Achevé d'imprimer
en mai 1997
à Milan, Italie, sur les presses
de Ingraf s.r.l.*

*Dépôt légal : mai 1997
Numéro d'éditeur : 4821*